Construyendo puentes

la técnica de la caja de arena (*sandtray*)

josé luis gonzalo marrodán

Construyendo puentes

la técnica de la caja de arena (*sandtray*)

2ª edición

Desclée De Brouwer

1ª edición: febrero 2013
2ª edición: diciembre 2014

Playmobil Ibérica ha autorizado el uso de las imágenes de los muñecos

© 2013, José Luis Gonzalo Marrodán
© 2013, Editorial Desclée De Brouwer, S.A.
Henao, 6 – 48009
www.edesclee.com
info@edesclee.com

ISBN: 978-84-330-2620-0
Depósito Legal: BI-75/2013

Impreso en España – Printed in Spain

Índice

1

Agradecimientos

A mi familia, mi ahijada y mis amigos. Por todo su cariño, apoyo y aceptación incondicional.

A Josefina Martínez, psicóloga y psicoterapeuta, con quien aprendí la técnica de la caja de arena y me descubrió este fascinante abordaje terapéutico en un verano inolvidable en Barcelona.

A mi maestra y supervisora de casos, Maryorie Dantagnan, psicóloga y psicoterapeuta. Mucho de lo que he aprendido como psicoterapeuta se lo debo a ella. Y en cuanto a la técnica de la caja de arena… ¡también!

A Loretta Cornejo, psicóloga y psicoterapeuta, por sugerirme la realización de este libro, valorar mi trabajo y darme la oportunidad de poder publicarlo.

A Cristina Cortés (Centro de psicoterapia VITALIZA, en Pamplona), psicoterapeuta infantil y consultora, clínica y facilitadora EMDR. Bajo su supervisión me estoy formando en la aplicación con los niños de este fascinante abordaje terapéutico que es el EMDR. Le agradezco todo lo que estoy aprendiendo en mi proceso formativo con EMDR y todo su apoyo.

A mi amigo y colega Rafael Benito Moraga, psiquiatra, por la lectura del manuscrito y la elaboración del prólogo de la obra. Sus inestimables conocimientos –uniendo puentes entre la psicoterapia y la neurociencia– son continua fuente de inspiración en mi quehacer profesional.

A la Asociación para el Desarrollo de la Psicología Analítica en Colombia (ADEPAC) Gracias a su excelente página web (http://www.adepac.org/) he podido conseguir los artículos traducidos del inglés por Patricia Quijano. A ellos me he referido para elaborar el apartado del recorrido histórico de la técnica de la caja de arena. ADEPAC hace una importantísima labor para promover el pensamiento de Carl Jung.

A todos mis pacientes, niños, adolescentes y adultos, que han cedido sus historias y las fotografías de sus cajas de arena. Ellos me enseñan a ser, cada día, mejor profesional y mejor persona.

A la psicóloga Ana Torre, de Alcalá de Henares (Madrid) especialista en la técnica de la caja de arena, por el feedback que me ha dado de la lectura del libro y por sugerirme añadir la referencia a dos diccionarios de símbolos (pág. 163) que pueden facilitarnos la interpretación de los mundos y las escenas creadas.

2
Prólogo

Cuando mi amigo José Luis me propuso prologar este libro me sentí halagado y sorprendido. El cariño y la larga colaboración profesional que nos une atenuaron algo mi asombro pero no podía evitar preguntarme "¿un psicólogo de su experiencia y conocimiento pidiéndole a un psiquiatra prologar un libro sobre psicoterapia?". Incongruente en apariencia. Los psiquiatras tenemos fama de no estar interesados más que en dar medicamentos; y los psicólogos a su vez parecen trabajar con los problemas mentales como si el cerebro no tuviera nada que ver con ellos. Afortunadamente ni el autor ni yo encajamos en ninguno de estos dos estereotipos. Y me alegra ver el número creciente de profesionales de la salud mental y la neurociencia que desertan en ambos bandos, y van conformando grupos de trabajo en los que el intercambio de diferentes ideas y perspectivas acelera nuestro avance en el conocimiento de la psique humana. Y me gustaría que este prólogo, hecho por un psiquiatra a petición de un psicólogo, contribuyera a la desaparición definitiva de ese antagonismo.

Hice Medicina porque era el único modo de convertirme en psiquiatra. Realmente nunca pensé en ser meramente un médico dedicado a tratar las enfermedades mentales como un traumatólogo se encarga de la patología músculo-esquelética, o un neurólogo de los problemas que afectan a la integridad del complejo cableado neuronal y sus sistemas de soporte glial. Yo buscaba entender cómo nuestros sistemas biológicos producen las emociones, los pensamientos y el comportamiento característicos de nuestro funcionamiento mental.

Pronto comprendí que para entender los procesos psíquicos hacía falta ir más allá de los conocimientos médicos y neuroquímicos. Y mi deseo de entender cada vez más y mejor me llevó a entrar en contacto con disciplinas de las que suele alejar al médico una formación puramente neurobiológica. Así es como completé mi formación en psicoterapia, durante la cual pude conocer otras teorías acerca del psiquismo humano. Algunas escuelas psicoterapéuticas parecían interesadas en la elaboración de esquemas acerca del funcionamiento mental normal y patológico, de los que podían deducirse técnicas destinadas a cambiarlo. Otras no pretendían explicar cómo somos, pero ofrecían al terapeuta procedimientos útiles para ayudar a sus pacientes. La técnica de la caja de arena pertenece a este último grupo. Como se expone en el libro, es una tarea terapéutica útil por su mera realización, un acto curativo que no requiere interpretaciones o conclusiones basadas en un modelo concreto de funcionamiento psicológico.

Cuando un psiquiatra va avanzando en el estudio de estas teorías y formas de tratamiento, descubre que el interés científico por conocer el funcionamiento mental y mejorar el manejo de su patología ha generado dos caminos paralelos con pocos puntos de contacto. Por un lado la senda de los modelos psicoterapéuticos, creados y desarrollados en gran medida por psicólogos; y por otro la de los modelos neurobiológicos, terreno explorado por médicos y neurocientíficos. De este modo, inadvertidamente, hemos hecho cada vez más profundo el abismo que nos impide conectar cuerpo y alma. Psicoterapeutas y psiquiatras caminan a ambos lados del desfiladero sin mirarse, sin hablarse, sonriendo al pensar que "los otros" no van a ningún lado. Descartes estaría contento, división de tareas: ocúpense unos de la *"res extensa"* y dejemos a otros el estudio de la *"res cogitans"*.

Es curioso que el psicoanálisis, una de las escuelas psicoterapéuticas más extendida y sugerente, convertida con el paso de los años en el paradigma de la terapia, naciera gracias a un intento genial de acabar con el dualismo cartesiano. Su fundador, Sigmund Freud se refirió a uno de sus primeros manuscritos como un texto de "psicología para neurólogos", y con este título ha sido editado en castellano. Creó el modelo psicoanalítico para ofrecer un esquema que explicara el funcionamiento mental normal y patológico, y pudiera encajar además con los descubrimientos sobre neurofisiología cerebral de su tiempo. Freud estaba convencido: debíamos encontrar una vía común que aunara nuestros esfuerzos y nos hiciera progresar más rápido. Descartes se revolvió durante algunos años en su tumba amenazado por el genio austríaco. Desgraciadamente no era el momento, y algunos años después Freud declaraba su incapacidad para lograr esa empresa titánica. Paradójicamente las teorías surgidas de su sueño dieron lugar a una de las escuelas psicoterapéuticas menos interesada en acabar con el dualismo cartesiano.

Durante algunos años más el filósofo francés pudo descansar en paz hasta que en los años 50 comienza la primera revolución en el conocimiento del cerebro como asiento del funcionamiento mental: el advenimiento de la psicofarmacología. El hallazgo de medicamentos capaces de aliviar los trastornos mentales dio lugar a una auténtica eclosión de hallazgos, que hicieron albergar de nuevo la esperanza de acabar con las disociaciones cuerpo-alma, mental-cerebral, psiquiátrico-psicológico. El descubrimiento de los psicofármacos nos ha permitido entender de un modo detallado el modo como las células cerebrales producen el movimiento, el humor o los delirios. Pero lo mejor estaba por llegar. En las últimas décadas estamos disponiendo de métodos que nos permiten ver el cerebro en funcionamiento. Las modernas técnicas de neuroimagen nos están ofreciendo información sobre lo que ocurre en el cerebro cuando, por ejemplo, estamos a punto de tomar decisiones sobre un dilema ético. El tiro de gracia al dualismo: un artículo reciente ha permitido descubrir que las situaciones de rechazo social activan zonas del cerebro idénticas a las activadas cuando experimentamos un dolor físico.

Hoy más que nunca es posible conectar el trabajo psicoterapéutico con los descubrimientos sobre el funcionamiento cerebral. Creo que ese es el futuro, y me alegro de que José Luis Gonzalo lleve compartiendo conmigo esa ilusión desde que nos conocimos trabajando con chicos y chicas víctimas de maltrato. Tras años de trabajo en común, las diferencias en nuestra formación y nuestras diversas perspectivas y conocimientos son una fuente constante de enriquecimiento mutuo. Juntos participamos en el curso de formación en el que descubrí el uso de la caja de arena como técnica terapéutica; y en el presente libro José Luis Gonzalo expone de modo sencillo y completo todo lo que hace falta saber para utilizarla.

A mi modo de ver la caja de arena se encuentra entre las herramientas terapéuticas más útiles para el trabajo con niños y adultos. Como se expone a lo largo de este libro, la realización de la caja de arena permite trabajar cuando resulta difícil la verbalización de los contenidos psíquicos; y esto es especialmente importante cuando el paciente tiene dificultades para ponerlos en palabras, como ocurre habitualmente con los niños. En otros casos la cualidad facilitadora de la técnica no tiene que ver con las características del individuo sino con las de su malestar. Cuando el origen del problema es un trauma infantil, recordar y explicar es una fuente adicional de sufrimiento. Utilizar la caja de arena permite la distancia necesaria para ir elaborando la experiencia traumática sin tanto dolor.

He dedicado la mayor parte del prólogo a señalar la necesidad de acabar con el dualismo y, aparentemente, nada podría estar más alejado de un fundamento neurobiológico que un técnica terapéutica como esta. Error. Lo que hace el paciente cuando crea su caja es contar una historia y los estudios de imagen cerebral refuerzan la idea de que los relatos actúan como un entrenamiento para la vida real, ya que muestran que el visionado de individuos reales y de personajes animados provoca una actividad cerebral similar. Se ha hallado una gran actividad en el hemisferio derecho del cerebro cuando creamos o escuchamos un relato. Áreas del encéfalo implicadas en la identificación y procesamiento de los estados mentales, emociones y motivaciones de otras personas, se activan cuando nos cuentan o contamos historias.

Cuando José Luis Gonzalo me propuso escribir este prólogo, pensé en hacerlo con el fin de transmitir y contagiar la pasión que mi amigo y yo sentimos por lograr finalmente un sendero común para psicoterapeutas y psiquiatras de orientación más neurobiológica. Me gustaría que este libro sea leído por profesionales de ambos grupos, pues sólo un intercambio constante de nuestras experiencias e ideas permitirá avanzar en el conocimiento del psiquismo humano y alcanzar el objetivo de aliviar el sufrimiento de nuestros semejantes.

Rafael Benito Moraga
Psiquiatra
San Sebastián, 3 de julio de 2012

3

La técnica de la caja de arena

3.1. Un poco de historia

En este primer apartado hacemos un breve recorrido histórico por la técnica de la caja de arena: su origen y desarrollo, así como los principales autores. No será un recorrido exhaustivo porque el propósito principal de este libro es mostrar las historias —las cajas de arena— que los niños y adultos han hecho en su trabajo con mi acompañamiento terapéutico y no centrarse en aspectos históricos. El lector interesado en profundizar puede consultar las referencias que se citan a lo largo de este capítulo.

La creación y desarrollo de la técnica de la caja de arena se atribuye a dos autoras: Margaret Lowenfeld y Dora Kalff. De su esfuerzo conjunto y de su colaboración, surge este procedimiento que puede utilizarse como una técnica terapéutica.

Lowenfeld (1979) trabajaba con niños con trastornos del comportamiento en los años 20. Fueron los propios niños los que la denominaron "la técnica de los mundos".

Tal y como se refiere en un artículo editado por el Carl Jung Institute of San Francisco titulado: "Sandplay Studies: Origins, theory and practice" (Thompson, 1981) y traducido al español por Patricia Quijano, *"Margaret Lowenfeld comenzó su carrera profesional como pediatra. En 1925 dejó la pediatría para*

Construyendo puentes josé luis gonzalo marrodán

tratar psiquiátricamente a los niños. En 1929 trasladó su clínica para niños – que luego se llamaría el Instituto de Psicología Infantil– a unas nuevas dependencias y agregó nuevos elementos al equipo de su salón de juegos".

"Durante el primer mes, en el salón recién equipado, un niño combinaba algunas de las miniaturas en el cajón lleno de arena, y en los dos meses siguientes los terapeutas tomaban nota sobre las construcciones que se hacían en la arena, las cuales eran conocidas. En menos de tres meses se consiguió un equipo que incluía una caja de metal con arena moldeable, colocada en una mesa y una gaveta que contenía objetos en miniatura incluidos en el equipo del cuarto de juegos; había nacido espontáneamente una técnica creada por los propios niños".

Este aspecto es lo más importante: la técnica es creada por los propios niños. No debería sorprendernos porque éstos naturalmente tienden a jugar. El juego es el lenguaje a través del cual se expresan y cuentan lo que sienten y piensan. La caja de arena tiene un componente lúdico, por ello no es de extrañar que si Lowenfeld dispuso a los niños de una caja con arena y unas miniaturas, éstos, de manera espontánea, jugaran con dichos elementos. En mi consulta he podido observar que, sin decirles nada, los niños cogen las miniaturas de las estanterías y juegan en la caja de arena con ellas. Manipulan la arena, disponen los muñequitos u otros elementos en la superficie, los entierran... Pensemos en una escena cotidiana: ¿qué hacen los niños en la playa? Además de bañarse, suelen jugar con la arena. Hacen montones, hoyos, barreras... Y si llevan muñecos de sus casas, es muy probable que los incorporen al juego. Por ejemplo, recuerdo este pasado verano observar a un niño en la playa jugando con unos guerreros medievales en lo que parecía un castillo.

Lowenfeld veía esencial idear un método en el cual *"los niños puedan demostrar sus propios estados mentales y emocionales sin la intervención de un adulto"* (Lowenfeld, 1979).

Y, realmente, esta técnica se ha mantenido básicamente igual desde que Lowenfeld comenzara a trabajar allá por los años 20: ofrecer al niño un cajón con arena –con unas medidas determinadas– hasta aproximadamente la mitad de su cabida y unas miniaturas –dispuestas en estantes y ordenadas según categorías: edificios, árboles, vehículos, animales...–; y, a partir de ahí, sin más regla que la de no echar la arena fuera del cajón, el niño o el adulto pueden construir un mundo o hacer lo que quieran. Éstos son los protagonistas de su proceso y el terapeuta, como sucede en la psicología humanista, no es un experto sino un facilitador, consciente de que la persona dispone interiormente de los recursos para sanar si es que se le ponen los medios adecuados a su alcance (West, 2000).

En el entorno seguro y de juego ideado por Lowenfeld, los niños desarrollaron el método que ella estaba buscando. Mediante la combinación espontánea de miniaturas cuidadosamente seleccionadas con bandejas de arena y agua, los niños crearon lo que (como hemos mencionado) ellos mismos llamaron "mundos". El trabajo de esta autora ha sido importante. Como Hunter (1998) refiere, puede considerarse que influyó en la idea de Winnicott (1971) y su "espacio transicional", esa tercera área entre el "yo" y el "no yo", entre la experiencia interna y la externa. En este espacio intermedio, estos opuestos y otros (lo consciente y lo inconsciente, fantasía y realidad) suceden juntos.

Lowenfeld presentó la técnica en una conferencia en París, el año 1937, con la presencia del propio Carl Gustav Jung. Por lo tanto, puede afirmarse que el procedimiento de la caja de arena es un acercamiento genuinamente jungiano. La aproximación junguiana[1] a la técnica recibe el nombre de *sandplay*.

En cambio, cuando la técnica se usa desde un punto de vista no estrictamente junguiano –aunque, obviamente, hay mucho de este acercamiento en el uso que hacemos de la misma–, el nombre que se le da al procedimiento es el de *sandtray*. *Sandtray* es un método dentro de la terapia de juego. La propuesta de este libro se centra en el *sandtray*.

Pero con todo –llámesele como se le llame– lo más importante es que el terapeuta sea empático, reflejando las emociones del paciente, por encima de cualquier tipo de análisis, interpretación o intervención, como más adelante veremos.

---

1. En realidad, el término "junguiano" es incorrecto, debe de decirse: "aproximación analítica". Pero por no confundir al lector, hemos utilizado este término que no gustaba ni al propio Carl Gustav Jung.

Construyendo puentes josé luis gonzalo marrodán

En esta obra apostamos por un enfoque metafórico de la caja de arena que los pacientes construyen y enfatizamos la experiencia y la relación terapéutica (el hacerla con el terapeuta y en el espacio de la terapia) por encima del análisis. El acercamiento a esta técnica que proponemos en este libro se centra en la metáfora contenida en la caja. Claire Wright Thompson (analista y miembro fundador del Instituto Carl Gustav Jung de San Francisco) en un artículo –traducido al castellano por Patricia Quijano– titulado: *Sandplay studies: Origins, theory and practice* (1981), también valora que lo más importante es la experiencia: *"Como indiqué anteriormente en relación con el trabajo terapéutico en general, me cuido de estar analizando el proceso y lo enfatizo en el uso de la terapia de juego con la caja de arena. Aunque es muy gratificante poder penetrar más en el proceso y en cómo va este proceso, la experiencia en sí misma es más importante que los ingredientes. La clase de comprensión que requiere el terapeuta en la situación actual no es un ejercicio intelectual, sino un "estar con…".* Las cajas de arena no se analizan durante el proceso de creación, como más adelante veremos.

Otro enfoque por el que nos decantamos es el de la resiliencia. La resiliencia no sólo es la capacidad del ser humano para mantenerse –desde el punto de vista psicológico– suficientemente estable a pesar de las adversidades, sino también la de aprender y transformarse a partir de éstas. Es un proceso de interacción entre las características del individuo y el ambiente. No se es resiliente sino que la resiliencia la va construyendo el ser humano a lo largo de la vida (Puig y Rubio, 2011). Por lo tanto, se puede afirmar que expresarse en el espacio de la caja de arena a través de las miniaturas es en sí mismo sanador, y les permite al niño y al adulto mostrar tanto los puntos en los que emocionalmente sienten conflicto como los que sienten como fortalezas, puntos fuertes. Es resiliente porque la resiliencia pone el acento en detectar y potenciar las fortalezas del niño y del adulto, es un punto de vista que concibe a la persona desde la psicología positiva y no sólo desde la patología.

Continuemos con nuestro paseo por la génesis de esta apasionante técnica.

Dora Kalff es otro nombre propio en la gestación de la técnica de la caja de arena. Esta autora de nacionalidad suiza participó en uno de los numerosos congresos en los que se presentaban los mundos de Lowenfeld. Ella se dio cuenta de que este método era muy útil en el trabajo con los niños y fue a Londres, en 1956, a estudiar con Lowenfeld. Posteriormente, siguió su formación y análisis con el propio Jung. Dora Kalff impulsó y promocionó la técnica y, en 1962, presentó un documento en el Segundo Congreso Internacional de Psicología Analítica y atrajo la atención de la comunidad de analistas junguianos. La influencia de Kalff ha sido muy relevante. Tanto que no es raro que en los círculos formativos –al menos, a los que yo haya asistido– se le atribuya en exclusiva la autoría de la técnica.

Algo que se suele pensar es que la técnica es un abordaje terapéutico solamente para ser utilizada con los niños. Cuando entran adultos en mi consulta y observan la estantería con los diferentes ítems, casi siempre exclaman frases de este tipo: *"¡Vaya lo que tienes aquí para los niños!"*; *"¡los niños que vienen aquí tienen donde elegir!"*; *"¡menuda juguetería has montado!"*. Hacen alusión, al identificarlo con lo lúdico, a que es una técnica para niños. Pero no es así. Lowenfeld (1979), en su libro de referencia titulado: *The world technique,* habla de la técnica sin ponerle edad. De hecho, se trabaja con los adultos también. Yo la he utilizado con pacientes adultos con muy buenos resultados. Del mismo modo que la terapia de juego puede usarse con mayores, la caja de arena también puede emplearse con esta población. Aunque este libro está dedicado sobre todo al uso de la caja de arena con niños, a lo largo del mismo ofreceremos algunos ejemplos de su utilización con adultos.

Hasta aquí el breve recorrido histórico, este corto paseo por los nombres propios, los principales, de esta apasionante técnica. Ellas fueron las que con su esfuerzo conjunto diseñaron el procedimiento y el análisis de la técnica.

Los interesados en profundizar en la técnica de la caja de arena desde el punto de vista psicoanalítico junguiano, pueden consultar la página web de la **Asociación para el Desarrollo de la Psicología Analítica en Colombia**. De ésta hemos obtenido la información y los artículos que hemos referenciado para hacer este breve recorrido histórico. En esta excelente página web se puede encontrar amplia información sobre el tema: http://www.adepac.org/

3.2. En qué consiste la técnica de la caja de arena

Cuando empecé a formarme en esta técnica, en el año 2006, dentro del programa del Diplomado de formación especializada para psicoterapeutas infantiles organizado por el IFIV (Instituto de Formación e Investigación Acción sobre la Violencia y sus Consecuencias), dirigido por Jorge Barudy y Maryorie Dantagnan, en Barcelona, os confesaré, siendo sincero, que accedí a este procedimiento desde el escepticismo. Tenía mis reservas a la hora de poder conceptualizar esta técnica como terapéutica, pues me parecía el equivalente a algo así como hacer maquetas y miniaturas, como cuando eres pequeño. El estudio de la conducta humana desde el punto de vista científico pesaba en mí y me influía.

Sin embargo, mi opinión cambió cuando terminé este módulo sobre la caja de arena en el Diplomado. Lo trabajamos con la profesora de la Universidad Católica de Chile, Josefina Martínez. He de decir que el papel de un profesor es fundamental para transmitir a sus alumnos la pasión por lo que se hace. Josefina, además de demostrar altos conocimientos y pericia en la técnica, tuvo la capacidad de conectar con nosotros y hacernos sentir las enormes posibilidades que el trabajo con la caja tiene.

Josefina nos dispuso por grupos pequeños (tres personas). Uno de nosotros haría la caja de arena y los otros dos observarían y pasarían después a comentar la metáfora contenida en la misma. Posteriormente, los roles se cambiarían hasta que los tres ejecutáramos todos los papeles.

Cuando terminé mi caja de arena (la hice de una manera espontánea, *"dejando que las figuras me eligieran a mí"*, como nos dijo la profesora Josefina Martínez) y empecé después a observarla y comentarla con los compañeros (hay que decir que todos éramos y somos psicólogos y/o psicoterapeutas con unos cuantos años de experiencia), fue cuando me di cuenta de que había proyectado contenidos y emociones de los que no era consciente. Cuando ves el escenario con las miniaturas y los símbolos utilizados y reflexionas sobre los mismos en base a preguntas que te van haciendo (hablar sobre la caja hecha no es obligatorio, es opcional), notas que sientes interiormente emociones que se activan y haces *insight* de contenidos que hasta entonces no habías percibido. Es importante –al menos desde mi enfoque– dar al paciente absoluta libertad para decidir si las observaciones hechas en torno a lo creado en la caja le calzan o no. Lo importante es que el paciente "lo vea". Acompañarle en el proceso. Como hemos dicho, "estar con" y ser un facilitador (no un experto que trata de imponer unas interpretaciones) de la experiencia. Si la caja resulta reveladora para el paciente, él nos los dirá con sus palabras o sus actos, o nos lo mostrará con sus emociones.

Por ejemplo, recuerdo a Adela, de 43 años, paciente que vino a mi consulta para recibir tratamiento porque presentaba una bulimia nerviosa. Fue abusada sexualmente durante años por su padre. Sentía una mezcla de sentimientos de rabia, asco, impotencia e indefensión (nadie en su familia denunció lo que le estaba pasando, en esa negación o disociación que presentan los familiares que consienten que sucedan los abusos intrafamiliares a los niños). Trabajamos durante un tiempo (entonces yo estaba recién iniciado en la técnica de la caja) en base a psicoterapia verbal y con técnicas conductuales. Pero la mejoría era muy pobre y continuaba manifestando episodios de atracón con vómitos (ingería grandes cantidades de comida) que ponían en riesgo su salud física y psicológica. Le sugerí trabajar con la caja y mostró interés. Le expliqué que quizá podríamos acceder de una manera más segura y con menos defensas a emociones y contenidos conscientes e inconscientes.

Adela hizo una caja (figura 1) en la que presentaba una familia (padre, madre, abuelos y hermanos) que jugaba, cantaba, reía… Eran felices. De pronto, sin que yo dijera nada (pues a la metáfora me iba a ceñir y no iba a interpretarle a ella), rompió a llorar amargamente y me dijo: *"Justo lo que yo jamás tuve: infancia feliz"*. Hasta el momento, había minimizado la influencia que el impacto del abuso sufrido durante años tenía en su mente y en su trastorno. La caja le permitió ese "darse cuenta" tan necesario en todo trabajo terapéutico con niños o adultos. A partir de ese momento, pudo ir trabajando el sentirse víctima y la desculpabilización. Y los síntomas bulímicos (una manera de agredir al cuerpo cuando hay culpa) fueron desapareciendo. Si yo le hubiera forzado y hubiera incidido en insistirle a ella en que esa caja era una idealización, habría actuado incorrectamente y quizá Adela se habría auto-

Construyendo puentes josé luis gonzalo marrodán

Figura 1. El mundo familiar idílico de Adela (paciente de 43 años con trastorno bulímico e historia de abuso sexual); pero con una necesidad inconsciente de escape, huida (el avión).

afirmado más en su idealización. No le habría permitido hacer el proceso y descubrirlo por sí misma –el "darse cuenta"– con mi acompañamiento y mi papel facilitador y contenedor de lo que surgiera.

Así pues, la técnica tiene un alcance terapéutico impresionante. Por ello, para poder vivirlo, sentirlo y comprender lo que vengo exponiendo, es necesario formarse. Practicar con uno mismo la técnica y también con los demás, ejerciendo, alternativamente, el rol de paciente y el de terapeuta, es imprescindible. Este aprendizaje vivencial permite captar la potencia del procedimiento y la increíble capacidad que tiene para que nos proyectemos en el mismo. Proyectamos contenidos conscientes e inconscientes de una manera sutil, inadvertida, de un modo nada invasivo, lúdicamente, construyendo un escenario en una caja de arena. Pero después, al analizar el escenario y la metáfora que contiene, nos damos cuenta de que hemos puesto mucho de nosotros mismos, de nuestra historia, de nuestra vida, preocupaciones, sueños, conflictos, miedos, dudas y... ¡también de nuestras fortalezas! En las cajas, casi siempre hay un punto de vista resiliente del paciente y tenemos que ayudarle a que lo perciba.

Con esta técnica hacemos *insight* (vemos por dentro) y comprendemos aspectos de nosotros mismos de los cuales no éramos conscientes hasta experimentarla. Y es cuando percibimos meridianamente que –como la terapia de juego– es un procedimiento a través del cual hablamos de nosotros. Por eso, siempre digo lo mismo: no se puede empezar a trabajar con la caja de arena con los niños o adultos sin antes haber hecho un curso de formación en el que se experimente –se hagan cajas de arena– y se sienta y viva el alcance terapéutico. Como con cualquier otra técnica terapéutica. Todo lo demás sería una imprudencia y atentaría contra el código deontológico de la profesión.

Posteriormente, en los seis años en los que llevo trabajando con la técnica en consulta, con los niños y adultos, he podido comprobar que es una técnica eficaz que ayuda a expresar y comprender problemas emocionales y de personalidad que ninguna otra técnica es capaz de poder hacer con la misma potencia y claridad. Pienso que por sí misma puede ofrecer resultados pero, normalmente, dados los problemas y dificultades que suelen presentar nuestros pacientes, considero que necesitamos un enfoque en el que la técnica de la caja de arena se engrane en un proceso terapéutico con unos objetivos y otras técnicas entre las que incluiremos ésta.

Hay vivencias y emociones que no se pueden poner en palabras. Hay contenidos mentales que están en el ámbito de lo sensorial. Y hay sucesos o acontecimientos que las palabras no pueden decir sin herir o retraumatizar a las personas nuevamente (como los relatos de malos tratos, abandonos u otro tipo de sucesos traumáticos muy dolorosos emocionalmente). Para todos estos aspectos (y para otros muchos más que veremos) es una técnica adecuada (y de elección).

¿En qué consiste?, os preguntaréis. Ya lo he apuntado más arriba, en el apartado en el que he hablado de la historia de esta técnica. No obstante, conviene profundizar por lo que, a continuación, nos detendremos un poco más en ello.

El procedimiento tal y como lo explica Dora Kalff, básicamente se mantiene inalterable y es, en sus propias palabras, el siguiente: "*Sandplay es el método que utilizo en terapia tanto con niños como con adultos para acceder a los contenidos del inconsciente. Como su nombre lo sugiere, consiste en jugar en una caja de madera especialmente proporcionada. Se ofrece así mismo la arena seca y húmeda. Los pacientes también tienen a su disposición un número de pequeñas figuras con las cuales ellos dan realización formal a sus mundos internos. Las figuras que pueden elegir deben ofrecer de la manera más completa posible, una muestra representativa de todos los seres animados e inanimados que podemos encontrar en el mundo externo así como en el mundo imaginativo interno…*" (Kalff, 1991).

Los niños se acercan de un modo natural a esta técnica, como cuando juegan. Se encuentran normalmente cómodos y les atrae jugar y miniaturizar la caja con los elementos que ponemos a su disposición.

Los adultos se quedan –a veces– un tanto sorprendidos cuando les invitamos a utilizar la caja de arena pues, como ya hemos dicho, normalmente lo consideran un procedimiento para niños. Pero cuando la experimentan y

comprueban cómo les ha ayudado, su punto de vista suele cambiar radical-
mente y se maravillan de cuánto les ha aportado.

Al paciente se le da una consigna: *"Construye un mundo"*, *"Haz lo que quieras"*, *"Construye una escena"*. Más abierta o más cerrada la consigna si trabajamos de una manera menos directiva (dejamos que el paciente construya lo que le surja de su mundo interno); o más directiva si queremos que el
paciente exprese o narre algo más concreto que se puede estar hablando
pero no sabe cómo ponerlo en palabras (como por ejemplo, el caso de Esteban que exponemos más adelante. Se le indicó que tratara de representar la
angustia interior que vivía). A partir de ahí, sin más regla que la de no echar
la arena fuera y limitarse a ese espacio de construcción, el paciente comienza a hacer su caja.

El terapeuta es un auxiliar que acompaña en todo momento al paciente. Pero
la caja la hace el propio paciente. **El terapeuta no mete la mano nunca en
la caja porque se considera un contenedor de la psique del paciente.**
Le puede ayudar a coger las figuras, tenerlas en la mano, etc. También le
puede auxiliar si no encuentra un símbolo concreto, colaborando con él en
dibujarlo. Y sobre todo, le apoya estando con él, conectando y haciéndole
sentir que le siente (Siegel, 2007).

**El proceso de construcción de la caja se hace en silencio. Una vez
dadas las consignas, ese silencio es necesario y fundamental para
lograr la concentración del paciente y para que pueda conectar con su
interior y hacer el proceso de exteriorización y miniaturización de ese
interior.**

En esto consiste la técnica de la caja de arena. Pero aún falta entrar en más
aspectos. En apartados posteriores desarrollaremos, con mucho más detalle, cómo es el proceso y los pasos a seguir en la conducción de la sesión.
Pero, por ahora, creo, nos es suficiente para estar bien situados y así poder
avanzar en otras cuestiones previas antes de entrar en el proceso.

A continuación, nos centramos en exponer para quién está especialmente
indicada esta técnica.

3.3. Para quien está especialmente indicada

Niños o adultos que han sufrido el impacto de los malos tratos, el abandono o cualquier otra situación traumática ¿Cómo pedirle a un niño que se siente y cuente con palabras que sus padres le pegaban o le insultaban? Esto es, a todas luces, inadecuado y perjudicial. Puede exponer al niño a una activación psicofisiológica excesiva y sobrepasar su ventana de tolerancia al estrés, y precipitar respuestas emocionales como bruscos cambios de humor, agresividad o desconexión emocional.

Algunos niños y jóvenes presentan retraso en el desarrollo, bajas habilidades verbales o una deficiente inteligencia emocional como consecuencia del abandono o los malos tratos, y las palabras no son el medio seguro para poder acceder a lo que sienten y ayudarles así a elaborarlo psicológicamente. Los problemas o trastornos emocionales pueden generar bloqueos mentales y limitar la capacidad de expresión verbal de los niños. Y, además, éstos no son como los adultos, no pueden utilizar las herramientas lingüísticas con la precisión con la que los mayores lo hacen. **Por todo ello, los niños necesitan herramientas adecuadas a su edad y un medio seguro para poder narrar.** Y la caja de arena lo es por las razones que más adelante expondremos.

Veamos un ejemplo real de esto último que venimos contando:

Esteban es un joven de 16 años. Acude a psicoterapia desde hace tres meses. Está recién ingresado en un centro de acogida dependiente de la administración. Su padre abandonaba a la familia por temporadas, dedicándose a negocios ilegales. Desaparecía sin decirle nada, sin darle ninguna explicación, sin comunicarle cuándo regresaría. La madre quedaba al cuidado de Esteban y de su hermana pequeña. Pero los cuidados eran deficientes: la madre (víctima de una severa depresión) no hablaba, apenas se preocupaba por los hijos, por su bienestar, los deberes escolares, sus amistades… Permanecía largas horas en la cama y los niños vivían prácticamente en la calle, siendo su barrio el lugar donde encontraban atención. Al llegar a casa, dependiendo de cómo estuviera la madre ese día, podía haber o no comida preparada porque aquélla no había podido levantarse de la cama. En ese caso, los chicos comían lo que había o se preparaban ellos cualquier cosa. La situación emocional de la madre se fue agravando y la administración, de acuerdo con ésta y teniendo en cuenta que el padre estaba desaparecido durante meses, decidió adoptar una medida de protección consistente en un acogimiento residencial. Los hermanos mayores, ya independizados, eran una fuente de apoyo muy importante para Esteban pero no podían hacerse cargo de él.

La adaptación al centro y el dolor por la pérdida y los efectos del abandono, le afectaban severamente a Esteban. Mantenía una ansiedad y una angustia manifiestas que le generaban desconcentración, apatía, sensación de estar en peligro, dolores de cabeza y estómago. Esteban no sabía cómo explicarlo, no sabía poner en palabras ni elaborar esa angustia.

El terapeuta le habló de la estantería con miniaturas e ítems que tenía a su izquierda y de la caja de arena sobre una mesita con ruedas. Le explicó que podía coger los elementos que quisiera y colocarlos en la bandeja, haciendo un mundo o lo que le saliera. Y que quizá así, con esta técnica, podría encontrar la manera de poder expresar esa angustia de un modo menos doloroso y más fácil de contar.

Esteban (figura 2) asintió e hizo un mundo. Como podéis ver, colocó (en el lado de la caja que queda a su izquierda) a dos fantasmas y a una bruja que parecían aproximarse hacia dos niños que estaban solos (en el otro extremo de la caja, situado a la derecha de Esteban). Una niña, una tortuga ninja y un pitufo parecen interponerse, en primera línea, en su aproximación. Y, en segunda línea, un guerrero se interpone también, como defendiendo a los niños. Cerca del guerrero hay un árbol en el que parece parapetarse un burrito que tiene una actitud entre triste y cansada.

Con esta metáfora este joven pudo expresar su angustia de abandono: exteriorizarla, concretarla, miniaturizarla y elaborar lo que le estaba pasando. El no quiso hablar sobre su caja (siempre se respeta que el paciente no quiera hablar, el procedimiento es no verbal y se puede completar al final con narrativa verbal sobre lo hecho o no; pero si el paciente no le pone palabras ni responde a las preguntas del terapeuta, el trabajo no es por ello inferior o menos completo).

Figura 2. Alegóricos seres de pesadilla representan la angustia de abandono de Esteban, joven de 16 años; un guerrero está dispuesto a defender a los niños.

© De las miniaturas presentes en la caja marca Playmobil: PLAYMOBIL/ Geobra Brandstätter GmbH & Co. KG.

Parece que Esteban se sentía como si estuviese siendo atacado por seres terribles. Vivía su angustia como si fueran seres de pesadilla que le quisieran dañar. La angustia puede estar miniaturizada en los fantasmas y la bruja. También está el burrito cansado y escondido, que recuerda mucho a su delicado estado psicológico.

No debemos pasar por alto la presencia del guerrero que se interpone en la segunda línea y que parece decidido a proteger a los niños. Esto es un punto fuerte en esta caja y un indicador de resiliencia: hay protección. Probablemente esta protección la estaba sintiendo de sus hermanos y de sus educadores.

En la medida que se trabajaron con él las distintas cajas que fue construyendo sesión tras sesión, fue capaz de liberar su angustia y comprender lo que le pasaba. Mejoró notablemente de sus síntomas.

La técnica ofrece a los niños traumatizados por los malos tratos o por la violencia (o que padecen otro tipo de problemas emocionales) la posibilidad de **desarrollar sentimientos de control**. Este es un aspecto muy importante en cualquier patología o problema emocional pero sobre todo cuando hay psicotrauma. Si el niño crea un mundo y lo construye y en él desarrolla una historia como él quiere, está pudiendo hacer lo que él deseaba que sucediera, o está transformando el acontecimiento, o lo lleva hacia donde siente que necesita. Entonces, el niño se empodera ante lo traumático que ha alterado su mente. Puede, por ejemplo, golpear a un símbolo que represente a alguien que le hizo daño. Ello le provee de sentimientos de control, algo de lo que se carece cuando se sufre un trauma. El niño puede vivir como actos de triunfo el que, en su mundo, en su caja, la historia se desarrolle como su psique necesite para sanar. Transformar el hecho traumático en un mundo que él construye y controla le provee de una sensación de dominio y triunfo sobre el trauma que le ayuda a sanar emocionalmente.

Si el trauma impacta a nivel sensorial, es necesario ofrecer a los niños una vía sensorial de acceso al mismo. En un mundo creado con las miniaturas, la arena, el agua y los elementos (árboles, casas, animales, coches, seres de fantasía…), el niño dispone de medios sensoriales táctiles y visuales que facilitan el tratamiento y la integración de los contenidos que han quedado disociados en la memoria implícita (la que contiene las emociones y sensaciones). La caja de arena facilita que se integre lo sensorial y emocional con lo explícito (la parte más episódica o verbal del suceso traumático vivido).

Niños con retraso en el desarrollo con afectación al lenguaje. Los niños con retraso madurativo o retrasos en el desarrollo global con especial afectación al lenguaje están muy limitados en lo verbal. Son niños que no van a responder adecuadamente a psicoterapias que sean adaptaciones de las que se hacen con adultos. Son modelos *adultistas* de psicoterapia traspasados al niño. Necesitan, por lo tanto, técnicas terapéuticas adecuadas a su edad y necesidades. El dibujo puede valer, pero los niños con retraso en el desarrollo pueden no querer dibujar debido a la pobreza de sus representaciones. La terapia de juego y la caja de arena en particular son técnicas apropiadas para ellos.

Recuerdo el caso de Sandra, una niña de nueve años con retraso madurativo, con un nivel de desarrollo del lenguaje y de la comprensión y el razonamiento con el mismo por debajo de lo esperado a su edad. Con las palabras apenas interactuaba y sus dibujos eran muy primarios. En el juego, tampoco se expresaba, su capacidad simbólica era limitada. Decía que no le gustaba jugar, quizá nunca se le había estimulado lo suficiente. Su edad madurativa era de seis años. Sin embargo, con la caja de arena encontró un medio estupendo para contar cuentos que eran altamente significativos y reveladores de lo que estaba viviendo.

Sandra se encontraba en una situación de acogimiento familiar con un régimen de visitas por parte de los padres. El padre mantenía un comportamiento suspicaz y a veces hostil con los acogedores de Sandra. Rechazaba la supervisión del psicólogo en las visitas que los padres biológicos mantenían con la niña, cada quince días. La niña se sentía muy agobiada con el comportamiento de su padre, pero nunca decía nada. En la terapia, tampoco contaba nunca nada, siempre afirmaba que todo iba bien. El juego —que no tenía un nivel simbólico— era mucho más sensorio-motor debido a su retraso. Sin embargo, Sandra sufría interiormente los mensajes que su padre le mandaba contra ella y sus acogedores, a pesar de los intentos del psicólogo por contener a aquél. Y Sandra solía soltar con éstos todo su malestar interior en forma de ataques de rabia desproporcionados después de las visitas.

Se dispuso una psicoterapia individual para el padre, para que pudiera trabajar la empatía y el daño que hacía a su hija con estas conductas hostiles. Sandra ya estaba en terapia conmigo desde hacía dos años. Provenía de un acogimiento residencial en el que había estado, de manera permanente, por las incompetencias parentales severas y crónicas de los padres biológicos. Ahora tenía la oportunidad del acogimiento familiar y parecía probable que la niña sintiera que éste peligraba por culpa de las conductas de su padre.

En aquel entonces, no hacía mucho que había terminado la formación con la caja de arena y mi entusiasmo con la técnica (entusiasmo que, confieso, me sigue acompañando) me llevó a pensar que con esta niña, tan limitada para poder exteriorizar las emociones, podía ser un medio seguro y apropiado para que se expresara.

Nos acercamos al cajón, le dejé (como hago con todos los niños y adultos) unos minutos para que tuviera una primera fase de contacto sensorial con la arena y le enseñé las miniaturas, todas dispuestas (y ordenadas en estantes según categorías) para que ella pudiera empezar a elegir. **Que las figuras estén colocadas de manera ordenada y armónica en los estantes o vitrina es un elemento de atracción poderosísimo, que le dota a la técnica de una magia como ninguna otra.** Ya es, en sí mismo, una invitación a construir, a hacer, a sentir la necesidad de ver y tocar las figuras...

—¿Puedo hacer un cuento? –me dijo Sandra.

—Por supuesto –contesté–. Ya sabes que puedes hacer lo que quieras.

Y comenzó a construirla. Cuando la tuvo terminada (siempre nos tomamos un tiempo para mirarla y contemplarla, le hacemos los honores a la obra de arte que han hecho), le pregunté si quería decirme qué estaba pasando allí. Y dijo lo siguiente: *"Es un cuento. Había una vez una familia de cerditos. El papá, la mamá y muchos hijitos. Llegó una cría nueva (quiere decir de otra especie) y le acogieron. De repente, vino Gargamel. Pero no le tienen miedo. '¡Fuera, Gargamel, fuera!'. Los cerditos y la cría ya están acostumbrados. Entre todos le echan y se va con ganas de no volver a molestar a los cerditos. ¡Jolín, que son felices!"*.

Creo que sobra cualquier comentario. La metáfora que contiene es tan clara que no hace falta añadir nada. Solamente que gracias a esta técnica pudo expresar el malestar emocional que sentía y cómo lo estaba viviendo.

Niños con daño neurológico. Tanto si es a nivel de disfunción o lesión cerebral, la bandeja de arena (si no hay lesiones que dificulten la motricidad severamente como para poder desplazarse y coger con las manos las miniaturas) provee a los niños de un medio de expresión cuando están, sobre todo, afectados los centros del lenguaje (por ejemplo, afasias, disfasias...). La psicoterapia es un desafío y los medios verbales tradicionales no son útiles con este tipo de pacientes. La caja de arena se revela como una técnica que puede facilitarles la expresión emocional y la narración cuando las palabras no están disponibles.

He trabajado con niños que han sufrido síndrome alcohólico fetal y que presentan trastornos del lenguaje, del comportamiento y también alteraciones en las funciones ejecutivas. Estas funciones radican en el lóbulo frontal del cerebro que es como el departamento ejecutivo de una empresa. Se encarga de planear, secuenciar y modular la información de la memoria, de las emociones y la que proviene del exterior, priorizando y eligiendo la respuesta más apropiada (Rojas Marcos, 2010). Además, el lóbulo frontal se encarga del pensamiento reflexivo e introspectivo.

Alberto acudió a mi consulta con apenas dos años de edad. Se encontraba en una residencia de menores tras salir de urgencia del domicilio familiar. La madre se quedó embarazada de Alberto y al poco, el padre abandonó a la familia. Ella tuvo conciencia de embarazo a los seis meses, en una especie de conducta de negación de tal hecho. Por ello, no recibió ningún control médico durante ese tiempo, a la vez que consumió alcohol y tabaco de manera continuada. El niño nació con bajo peso. Estuvo dos años bajo control de los servicios sociales, y dada la incapacidad parental que la madre mostraba, severa y crónica, hubo de adoptarse una medida de protección. Alberto ingresó en un centro de acogida. Sin embargo, permaneció en el mismo sólo dos meses porque el programa de acogimiento familiar le asignó una familia (una pareja con dos hijos).

Estando en acogimiento familiar, fue cuando se decidió una valoración psicológica integral que dio como resultado un bajo desarrollo en todas las áreas (adaptativa, social, emocional, cognitiva y sobre todo, del lenguaje). Se le orientó hacia un centro de estimulación temprana y el tratamiento psicoterapéutico se dejó para más adelante.

Tiempo después, con siete años, el niño había mejorado notablemente en todas las áreas (gracias a la estimulación y al vínculo seguro de apego construido con los padres acogedores quienes se constituyeron en unos tutores de resiliencia –personas que ayudan incondicionalmente al niño a retomar un buen desarrollo–) exceptuando la del lenguaje: era capaz de comprender el lenguaje hablado pero a nivel de expresión su nivel era muy por debajo de su edad cronológica. Elaboraba frases muy sencillas y sin estar estructuradas desde el punto de vista gramatical. Una visita al neurólogo confirmó una disfasia. Había empezado tratamiento logopédico pero la administración pública, de acuerdo con los acogedores, decidió también derivarle a psicoterapia debido a que presentaba alteraciones del comportamiento (déficit en la regulación de las emociones, comportamiento agresivo con los iguales, obstinación y dificultades en la planificación de la conducta). Por lo tanto, las funciones ejecutivas estaban debilitadas. Alberto necesitaba comprender y elaborar su historia de vida, en particular porqué estaba en acogimiento familiar y que sus acogedores no eran sus padres sino una familia que le había acogido. Si de por sí esto ya es algo difícil de asimilar para cualquier niño, uno con estas limitaciones presentaba un hándicap aún mayor para elaborarlo.

Con Alberto trabajé (además de con otras técnicas) con la caja de arena durante dos años. Fueron cajas directivas, con mucha ayuda por parte del terapeuta, a partir de las cuales aprendió a conocer sus emociones y a ver los sucesos desde el punto de vista del otro (no estaba descentrado). No he comentado hasta ahora que la caja de arena estimo (es una opinión personal) que también ayuda a desarrollar la mentalización, esto es, a comprender que otros tienen una mente con deseos, intenciones y emociones, en suma, con estados internos. Representar y simbolizar en base a miniaturas y a una gramática desarrollada en la caja (una narrativa no verbal) favorece que los niños comprendan que existen diferentes puntos de vista y distintas mentes porque existen distintos personajes que piensan y sienten distinto. Creo que Alberto presentaba un déficit en la mentalización y que la caja de arena contribuyó a superarlo.

Al principio sus cajas eran representaciones caóticas de muñecos y distintos ítems yuxtapuestos, sin estructura ni hilo narrativo ni coherencia. Pero cumplían una función importante: el niño se expresaba, construía, desarrollaba sentimientos de control y estimulaba su narración no verbal.

Progresivamente, su capacidad de expresión y de narración mejoró de manera notable. En un año de elaboración de distintas cajas fue capaz de hacerlas más estructuradas, con un tema y un sentido. Y lo que es más importante: le pude ayudar en la elaboración psicológica de lo que sentía en su acogimiento familiar. He aquí la fotografía de una de las cajas que hizo al final (figura 3).

Es un mundo vallado, protegido con troncos. En el mismo, hay un *Baserri* (caserío en euskera, es un símbolo milenario y de gran valor en la cultura vasca, ya sabéis que el acercamiento junguiano da mucha importancia a la simbología contenida en las cajas). En éste viven un niño y su familia de acogida (todo lo dijo él solo, guiado por mis preguntas). Se sienten bien viviendo allí. Pero hay un perro (el de tres cabezas) muy malo. La familia recibe la ayuda del cocodrilo y una hiena amigos y el perro de tres cabezas se va. Hay elementos de seguridad que conforman y tejen el proceso resiliente de este niño (la familia, el caserío) y otros puntos de conflicto que configuran sus angustias internas (simbolizados en el perro de tres cabezas).

Con esta técnica, encontré un elemento auxiliar de inestimable ayuda para trabajar con el niño, de una manera semi-directiva, su historia. Le ayudó a comprender qué había ocurrido en su familia de origen y por qué vivía con los acogedores. Y lo que es más trascendente: pudo expresar sus sentimientos (positivos y negativos) y el vínculo con los padres de acogida se intensificó. Las alteraciones emocionales y del comportamiento se redujeron (gracias también a unas pautas que se les proporcionaron a los acogedores) con el trabajo de elaboración psicológica que hizo con las cajas. Es un ejemplo de cómo la técnica de la bandeja de arena puede ser un instrumento terapéutico útil para un niño con limitaciones verbales e intelectuales.

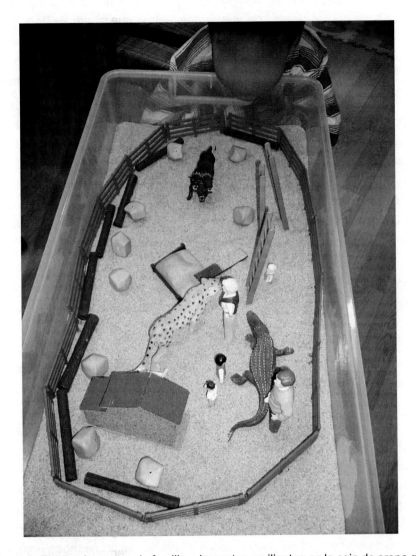

Figura 3. El caserío vasco y la familia, elementos resilientes en la caja de arena que Alberto, niño de 7 años, hizo ante la amenaza (simbolizada en el perro).

© De las miniaturas presentes en la caja marca Playmobil: PLAYMOBIL/ Geobra Brandstätter GmbH & Co. KG.

Construyendo puentes josé luis gonzalo marrodán

Niños con trastornos del apego. El objetivo de este libro no es versar sobre los trastornos del apego y su tratamiento. Sin embargo, el apego es una dimensión que debe valorarse dentro del proceso de evaluación antes de comenzar con la fase de intervención propiamente dicha; sobre todo si el niño o el adulto han vivido experiencias de malos tratos, abandono o negligencia las cuales pueden alterar este vínculo.

La técnica de la caja de arena es una de las que se utiliza con los niños que presentan problemas o alteraciones en el vínculo de apego ya que es una herramienta que favorece no solo el contar historias cuando el lenguaje verbal no está disponible, sino como instrumento que puede mediar positivamente la relación entre paciente-terapeuta. Sin ser exhaustivos, expondremos brevemente qué es el apego y sus subtipos. Después nos centraremos en cómo ayuda la técnica de la caja de arena a cada subtipo de apego.

Los niños que han padecido el trauma de los malos tratos en sus familias pueden manifestar con alta probabilidad un apego disfuncional (Gonzalo, 2010). Incluso a los pacientes adultos que acuden a consulta por trastornos ansiosos y depresivos (y no sólo los que presentan trastornos más graves como el límite, el antisocial, el histriónico o el narcisista) hemos de preguntarles por sus experiencias infantiles. Pues han podido estar presentes los malos tratos y una experiencia de apego disfuncional con sus padres o cuidadores (Benito y Gonzalo, 2010).

Una experiencia de apego seguro tiene importantes repercusiones porque el niño encuentra en los padres el fundamento seguro para estar y ser en el mundo. El apego seguro favorece, además, el despliegue de todas las capacidades cognitivas y emocionales del niño y le provee a éste de las herramientas emocionales necesarias para que pueda desarrollar una adecuada socialización. La experiencia de *sentirse sentido* (Siegel, 2007) por un cuidador que satisface nuestras necesidades y las atiende de un modo empático y sensible, contribuye también a que interioricemos la confianza en nosotros mismos y una sana autoestima.

Cuando el apego se altera porque el cuidador no sólo no satisface las necesidades del niño de una manera sensible y empática sino porque direc-

38

tamente daña a éste mediante golpes, insultos, movimientos violentos... O muestra unos cuidados insensibles (congela su rostro, no responde a las comunicaciones del niño, es incongruente en sus verbalizaciones y actos...) y desconectados emocionalmente, la probabilidad de que el niño desarrolle un apego inseguro o disfuncional es alta.

El niño interioriza los modelos relacionales vividos en la relación de apego con los cuidadores. Este modelo relacional queda registrado en su memoria como expectativas de conducta acerca de cómo se comportarán los demás con él. Con cada progenitor desarrolla una experiencia de apego, pero el modelo interno (la representación mental global que queda grabada acerca de cómo le tratarán los demás) resultante es fruto de la experiencia con los dos cuidadores (padre/madre o cuidador).

Este modelo relacional es bastante estable en el tiempo, aunque puede cambiar a lo largo de la vida si al niño se le ofrecen otras experiencias vinculares que desconfirmen ese modelo. El apego influye poderosamente en cómo nos relacionaremos posteriormente con los demás pero no determina, al menos como único factor (Cantero y Lafuente, 2010).

¿Cuáles son los apegos inseguros? Los tres tipos de apego disfuncionales que el niño que ha padecido trauma crónico puede desarrollar son los siguientes: **el apego inseguro evitativo; el apego inseguro ansioso-ambivalente y el apego desorganizado** (Barudy y Dantagnan, 2005; Siegel, 2007).

En el apego **inseguro evitativo** el niño ha presentado numerosas interacciones con cuidadores emocionalmente indisponibles, no perceptivos a las necesidades de ayuda de sus hijos e inefectivos para satisfacer dichas necesidades (Siegel, 2007). En unas interacciones continuadas así, el niño maximiza una estrategia para adaptarse que minimiza la búsqueda de proximidad con los cuidadores.

Las implicaciones para la psicoterapia de un niño con un perfil evitativo son, sobre todo, que éste va a temer la posibilidad de conectar emocionalmente. Hay un miedo profundo a una relación íntima –tras la estrategia adaptativa de la evitación– y la psicoterapia lo es. Además, usualmente, este tipo de niños niegan tener problemas o dificultades relacionales ("Yo no siento miedo"; "todo va bien, no tengo ningún problema"; "en mi familia todo va bien"). No suelen querer acudir a la psicoterapia y, si lo hacen, es forzadamente o para tratar asuntos instrumentales (mejorar la lectura, el rendimiento escolar...), manteniéndose distantes y como si su vida fuera un desierto emocional.

La **caja de arena** con el niño con **apego evitativo,** tal y como propone la autora Geddes (2010) en su libro *El apego en el aula,* puede ser una oportunidad para que la tarea medie entre el terapeuta y el niño, ofreciendo así un espacio intermedio entre ambos que permita al menor progresivamente ir abriéndose a la relación y perder el temor a implicarse y ser dañado (que subyace en todo niño evitativo). Geddes dice: *"... cajas, puentes, casas, castillos y viajes son la base de muchos cuentos y todos tienen significado simbólico sobre cercanía y distancia, compromiso y miedo. Sin ninguna revelación consciente, es posible poner palabras a muchos sentimientos fuertes y darles significado. La alfabetización emocional puede comenzar por intentar describir las experiencias de los personajes de los cuentos, de las películas, de los vídeos e incluso de las comedias de televisión. La metáfora es un instrumento poderoso cuando se trabaja con alumnos muy sensibles a los sentimientos y las relaciones".*

En efecto, la caja de arena provee de metáforas a partir de las cuales se puede trabajar con los niños (y adultos) evitativos. Por eso es un instrumento poderoso, como dice Geddes. Se puede empezar con cajas de arena en las que muestren cuentos o historias de sus personajes o historias favoritos y elaborar psicológicamente desde los personajes, desde un *tercer elemento,* a través del cual el niño se proyecta. Esto favorece que se implique en el trabajo terapéutico usando una tarea (la caja=un espacio contenedor) que media entre ambos (terapeuta y niño). Así se siente seguro y con la distancia suficiente como para no sentirse invadido ni dañado emocionalmente. Progresivamente, a medida que el niño vaya abriéndose porque el terapeuta le merece seguridad y confianza, las cajas de arena pueden referirse a aspectos más personales y de la propia historia y vida del niño, aunque siempre desde ese *tercer elemento* (lo representado en la caja: los personajes y la metáfora contenida en la misma) y nunca de una manera directa y sin ese elemento. Los niños evitativos se atreven a contar en sus cajas de arena historias y cosas que no se atreverían nunca a decir cara a cara al terapeuta desde la palabra. Nos puede sorprender cómo pueden ir trabajando en la terapia con este instrumento.

En el **apego inseguro ansioso-ambivalente** los cuidadores del niño no han sido hábiles para saber cuándo aproximarse y comunicar en sintonía con aquél y cuándo retirarse porque el bebé necesita un periodo de introversión. Los cuidadores han presentado muchas interacciones con el bebé caracterizadas por intrusiones en las que han invadido al infante con sus propios estados emocionales negativos. De este modo, los cuidadores se tornan inconstantes y cambiantes en sus emociones e impredecibles en sus actos. Pueden introducir secuencias en las cuales ignoran las necesidades del bebé.

A diferencia del patrón de apego anterior, un apego ambivalente fuerza al niño a estar más preocupado por su propia angustia y a maximizar la atención hacia la imprevisible relación de apego (Barudy y Dantagnan, 2005).

Las implicaciones para la relación terapéutica son que el niño va a traer un patrón conductual que busca la proximidad ansiosa con el profesional y un miedo profundo a no ser lo suficientemente amado y valorado por el terapeuta. A diferencia del evitativo, este niño se implica en la conexión emocional y puede trabajar con menos indiferencia y pasividad en psicoterapia de acuerdo al plan de tratamiento perfilado. Pero sus afectos hacia el terapeuta oscilan en la ambivalencia: el terapeuta puede ser idealizado (el mejor del mundo cuando satisface su ilusión de ser cuidado) pero pasar a la devaluación (el peor cuando el niño se siente frustrado por cualquier motivo con el profesional).

La **caja de arena** con el niño **ansioso-ambivalente** puede favorecer la experiencia de hacerla con un terapeuta que acompaña y auxilia pero dentro de un proceso en el que cada uno tiene sus roles definidos (el niño hace la caja, el terapeuta colabora y se mantiene presente): dos personas separadas que trabajan juntas en lugar de fusionarse la una con la otra (experiencias que ha podido tener, las de fusión, el niño con su cuidador principal). Además, las historias que se pueden proponer –o que pueden surgir– son una rica fuente de material que facilita el pensamiento y el desarrollo emocional sobre temas como las separaciones, la identidad y la independencia (Geddes, 2010).

Y, finalmente, en el **apego desorganizado**, la mayor paradoja que el niño ha vivido en la relación con los cuidadores es que éstos se convierten en los causantes del dolor físico y psíquico, pero el niño no puede escapar de ellos. Están a su merced, por lo que en muchas ocasiones pueden quedarse en estado de trance, como "congelados". Esta suerte de disociación aparecerá en el futuro. La vivencia de estos niños, lo que caracteriza la vida psíquica de estos niños con padres cuyo estilo parental es violento, desconcertante, temible e impredecible, es una vivencia de terror, impotencia y falta absoluta de control sobre lo que le ocurre (Barudy y Dantagnan, 2005).

Los niños con apego desorganizado contienen en su manifestación externa elementos de otros apegos inseguros (ambivalente y evitativo), sólo que no son capaces de organizar sus relaciones en una estrategia coherente y organizada. Su mente ha sufrido disrupciones y no puede organizarse coherentemente, a la par que las vivencias de terror le conducen a maximizar estrategias controladoras y dominadoras pues es el modo de defenderse del miedo y de la desconfianza hacia el adulto. Las conductas disruptivas son fruto de las disrupciones de mente provocadas por progenitores hostiles y violentos, a las cuales les suele acompañar una intensa desregulación emocional (Gonzalo, 2009; Siegel, 2007).

En la psicoterapia con el niño desorganizado, el psicoterapeuta debe mostrarse amable y suave pero seguro en sus comunicaciones verbales y no-verbales. El estilo terapéutico más adecuado es semi-directivo, priorizando, en primer lugar, la organización y seguridad del niño mediante la estructuración física del espacio de la psicoterapia, la estructuración temporal (días, horarios, duración de la sesión, timbre que indica la finalización de la hora de terapia...) y el orden metodológico (dividir la sesión en dos partes: una más directiva; otra no-directiva aunque dejando claro lo que hay que respetar: a la persona y objetos de la terapia) (Barudy y Dantagnan, 2005; Gonzalo, 2009).

Lo que el niño siente ante el terapeuta es pavor que trata de manejar mediante estrategias controladoras. Probablemente, intentará dominar y controlar a la figura del terapeuta, pues su mente está inundada de experiencias dañinas. Este control ha resultado adaptativo para su supervivencia. Dicha estrategia controladora ha de manejarse con amabilidad pero con firmeza, de tal manera que el niño aprenda que cediendo el control no será dañado. Esto puede llevar tiempo y se hace en el contexto de una relación terapéutica que le ofrezca seguridad. Hay que ir muy despacio, con mucha cautela y tener mucha paciencia con este tipo de niños.

En consecuencia, ante los niños con sus capacidades relacionales afectadas, cuyo patrón de apego puede manifestarse en el ámbito de la psicoterapia a través de la desconexión, la aproximación, la disrupción o una mezcla incoherente de todas, en suma, con niños con apegos disfuncionales o trastorno de apego provocado por el trauma del daño al vínculo de apego, es necesario conducirles hacia formas de apego más seguras como actuación psicoterapéutica prioritaria, ayudándoles a aprender, desde el propio modelo del terapeuta, patrones de relación adaptados nuevos tratando de que las estrategias más desadaptadas disminuyan en su aparición. De este modo, el **apego terapéutico** (Siegel, 2007) es, para el niño, una manera de poder vivir una experiencia de apego nueva, sana y constructiva, aunque teniendo en cuenta que es imposible dar al niño lo mismo de lo que ha carecido.

La **caja de arena** para el niño con **apego desorganizado** es una técnica de elección porque puede contar y narrar (en el contexto de una relación cálida pero firme y dentro de un marco terapéutico estructurado y predecible), en un espacio contenedor como es la caja, de manera no verbal, los distintos contenidos traumáticos vividos en relación con experiencias de vida maltratantes que les han aterrorizado, humillado y causado pavor. Acceder de manera verbal a estos contenidos es contraproducente porque puede retraumatizar. Además, el niño al simbolizar en la caja lo que por dentro siente, lo transforma (exteriorizándolo, concretándolo y miniaturizándolo) y va ordenando el caos interno y desarrollando sentimientos de control. Le ayuda, además, a integrar partes de sí mismo que pueden estar disociadas como consecuencia del trauma.

En fin, **el juego es el lenguaje del niño por excelencia** y por lo tanto, la caja de arena es una técnica, en general, válida para casi todos los niños y en particular para los que hemos mencionado.

Hay que tener precauciones especiales con los niños que presentan trastornos psicóticos y/o que tienen ficciones de imaginación alteradas (como los niños del espectro autista) porque pueden presentar dificultades para diferenciar entre fantasía y realidad. Para ellos, otro tipo de técnicas pueden ser más idóneas.

3.4. Ventajas y beneficios de la técnica de la caja de arena

Para la elaboración de este apartado nos basaremos en Carey (1999); Homeyer & Sweeney (1998); Lavobitz y Goodwin (2000) y Martínez (2006).

Crea un puente entre la realidad intrapsíquica única del individuo y la realidad exterior. Para el psicoanalista Carl Jung (1991) la psique humana se mueve en un proceso constante hacia la salud y la integridad denominado individuación. El proceso de individuación es único y propio. Los sueños, las experiencias somáticas, el arte expresivo y la imaginación son elementos a través de los cuales se construye la individuación. Todos estos elementos simbólicos son muy importantes en el proceso de sanación de un individuo y deben emerger del inconsciente. Sabido es, en la teoría junguiana, que los contenidos que forman el inconsciente colectivo se denominan arquetipos. Dice Jung en su libro *Arquetipos e inconsciente colectivo* (1991) lo siguiente: *"El arquetipo representa esencialmente un contenido inconsciente, que al consciencializarse y ser percibido cambia de acuerdo con cada conciencia individual en que surge".* (...) *"Todos los procesos naturales convertidos en mitos, como el verano y el invierno, las fases lunares, la época de las lluvias, etc., no son sino **alegorías de esas experiencias objetivas, o más bien expresiones simbólicas del íntimo inconsciente drama del alma, cuya aprehensión se hace posible al proyectarlo**, es decir, cuando aparece reflejado en procesos naturales. La proyección es hasta tal punto profunda que fueron necesarios varios siglos de cultura para separarla en cierta medida del objeto exterior"* (la negrita es nuestra).

Los niños –en la elaboración de las cajas de arena– imaginan escenas con facilidad y utilizan símbolos arquetípicos. Las bandejas de arena serían el equivalente a los sueños en el adulto. Además, los niños cuentan muchos cuentos, leyendas y utilizan símbolos mitológicos cuando hacen sus cajas (el sol, la luna, el invierno, las plantas...). Y la aprehensión, como dice Jung, se hace posible al concretarlo y proyectarlo en la caja que elaboran.

Una caja de arena es, entonces, una construcción simbólica que puede considerarse un puente entre la realidad exterior y el mundo intrapsíquico de cada individuo. Puente que interconecta ambas realidades. Puede ser un lugar a mitad de camino entre la realidad interna y externa del individuo (Winnicott, 1979), como ya hemos referido anteriormente. Lo ilustramos con la siguiente historia:

Ricardo es un niño de 11 años que ingresa en un centro de acogida. Se muestra muy movido, inquieto y excitado. Con los compañeros de centro suele tener muchos enfrentamientos. En seguida, si surge un conflicto, les amenaza con los puños cerrados afirmando: *"¡Os voy a dar...!"*. Un día no se contiene y tras discutir con otro niño, le pega patadas y puñetazos. Ricardo es habitualmente muy agresivo y con respuestas muy impulsivas. Cambia mucho de humor, presenta marcados problemas para la auto-regulación bioconductual, dificultades para concentrarse, bajo rendimiento escolar y un estilo de vinculación desorganizado subtipo punitivo. Los primeros años de vida convivió con su padres, pero el padre le maltrataba a su madre y a él. En una ocasión, el padre le produjo, brutalmente, quemaduras de cierta severidad con una plancha en la mano porque no paraba quieto. La madre decidió separarse y trasladarse a su ciudad natal con su hijo.

La madre conoce una nueva pareja que acepta a Ricardo y ambos tienen otro niño. La madre no sabe cómo contener el comportamiento movido de Ricardo y opta por pegarle y tratarle con dureza y no permitirle salir (excepto para ir al colegio) con el fin de que no tenga problemas ni conflictos con los niños del barrio. En una ocasión, se sabe que le pega con un palo de escoba tras envolverle en una alfombra. Instantes después, la madre, arrepentida, le pide perdón y le besa y le abraza. Ésta tiene un trastorno de personalidad límite que afecta a su parentalidad y al final –demasiado tarde pues acumula muchos años de sufrimiento debido a los malos tratos padecidos– la administración adopta una medida de protección consistente en un acogimiento residencial permanente para Ricardo.

Cuando acudió a verme, no podía parar quieto en la consulta, se movía constantemente y presentaba una agitación motriz rayana en la manía. No podía seguir demasiado tiempo una conversación, jugar no le gustaba –le parecía de muy pequeños– y odiaba dibujar, según decía. Pero se mostró encantado con las miniaturas y la caja de arena.

—¿Cómo has conseguido todo esto? –preguntó.

—Poco a poco. Sirve para construir mundos o hacer lo que uno desee. Dejas que las miniaturas te elijan a ti y las colocas cómo tú desees en esta caja con arena. Después, si quieres, me puedes contar o hablar sobre tu mundo –le contesté.

—Y esta arena, ¿de dónde la has traído? (Es una pregunta que hacen habitualmente los niños).

—De aquí mismo, de La Playa de La Concha.

—¿Y la echas sin más? –preguntó como sorprendido.

—No, primero la cribo (le explico lo que es cribar) para que quede bien limpia y fina.

Y antes de que terminara la frase, ya estaba cogiendo miniaturas e ítems. Ricardo miniaturizaba con detenimiento y solía jugar a continuación con la escena creada.

El mundo que construyó (figura 4) es un ejemplo de lo que hablamos respecto a que la caja de arena es un puente entre la realidad psíquica interior y la exterior: Un T-REX, un hipopótamo, un dragón de cuatro cabezas (símbolo mitológico este último) y un perro de tres cabezas gobiernan una ciudad y obedecen a unas crías de perros que van montados en ellos. El jefe de todos es el T-REX y el perrito que va encima de él. Los demás solo obedecen lo que éstos ordenan. Destrozan la ciudad y a sus habitantes. Un grupo de soldados trata de detenerlos mediante metralletas, tanques y un cañón pero… no pueden con ellos. Son invencibles y, además, están muy furiosos porque les han quitado sus cosas. Ganarán los animales prehistóricos y matarán a todos, no dejando nada en pie.

Figura 4. Metáfora de la violencia y la destrucción sin control en el mundo de Ricardo, niño de 11 años severamente maltratado.

© De las miniaturas presentes en la caja marca Playmobil: PLAYMOBIL/ Geobra Brandstätter GmbH & Co. KG.

El mundo intermedio entre la realidad interna y externa de Ricardo es un conjunto de representaciones mentales dominadas por el recuerdo del terror de los malos tratos. Es un mundo agresivo y hostil. Él tiene interiorizado un modelo interno de trabajo que representa al otro como dañino y, por lo tanto, a dominar. Pero –como se observa en la proyección de la caja– los soldados no logran dominar a los animales por lo que es posible que Ricardo se sienta como carente de límites. En su mente, ser omnipotente le mantendrá a salvo de la expectativa de que el otro puede ser malo y cruel. Destruir puede ser necesario para conseguir lo que desea; y lo que él quiere lo quiere rápido. No existen representaciones afectivas en el mundo de este niño. La violencia, la destrucción, la dominación... han sido lo que él ha vivido en relación a sus figuras parentales. Una metáfora muy reveladora ésta de los monstruos que se desatan y no pueden ser sujetados, destrozándolo todo a su paso.

Medio de expresión seguro. La caja de arena –ya lo hemos dicho– tiene la gran ventaja de ofrecer un medio de expresión seguro a los niños. El hecho de construir, crear e idear es sanador en sí mismo. El medio es seguro porque es un contenedor: la caja contiene la experiencia. Y, por supuesto, el terapeuta adopta una actitud de aceptación de lo que surja y no tiene ningún miedo de lo que salga (por muy violento, perverso o sádico que pueda ser) en la bandeja. El propio terapeuta también contiene (regulando emocionalmente al niño con su sola presencia, auxiliando en la construcción de la caja, escuchando, dando las consignas, facilitando el proceso, acompañando...) la experiencia. Algo a evitar totalmente es mostrarse impresionado, asustado o alterado (en actitud que juzga) por lo que el niño allí muestre. Todo lo que se expresa, ya alivia a la persona. Por ejemplo, si el niño de su historia, el animalito o el personaje mueren o matan a alguien, hay que ser consciente de que por muy duro que resulte son las emociones de aquél y mediante la caja las está elaborando. Es positivo que el niño pueda expresarlo, como lo es que un paciente adulto pueda y deba hablar con su psicólogo de todo, incluido el suicidio. En este sentido, sabemos que hablar del suicidio no propicia que el paciente lo consume sino al contrario: alivia la ansiedad y, con ello, se reduce la probabilidad. Del mismo modo, que el niño pueda escenificar lo que siente o vive le ayuda a sanar a nivel emocional.

Aparte de que la caja con sus dimensiones y sus paredes contenga y haga del medio una experiencia segura; además de que el terapeuta deba también regular la experiencia y al niño o al adulto, el procedimiento en sí, no-verbal, de carácter lúdico y constructivo, posibilita –como ya hemos dicho– que el niño pueda expresarse y narrar sin retraumatizarse.

Facilita la emergencia de metáforas terapéuticas. En la psicoterapia actual, las metáforas juegan un papel importante como herramienta terapéutica. Tienen poder curativo por sí mismas y sólo necesitan personas y profesionales que ayuden o faciliten su emergencia. Así define Wikipedia (Enciclopedia Libre de Internet) la palabra metáfora: *"La metáfora es una figura retórica que consiste en denominar, describir o calificar algo a través de su semejanza o analogía con otra cosa".*

Algunos ejemplos de metáforas contenidas en la caja de arena pueden ser: la destrucción y la muerte de los personajes puede ser la desolación y/o la depresión del niño. Las situaciones de amenaza y riesgo, pueden ser la ansiedad, la incertidumbre, el miedo, la inseguridad... Personajes, animales, niños perdidos y solos, sin nadie, son los sentimientos de abandono. Luchas entre bandos son conflictos que se viven interna o externamente. Personajes, animales, personas o seres fantasiosos que se enfrentan entre sí son la agresividad que el niño siente, etc. Todo esto es aproximado y cada niño se expresa de manera particular de acuerdo con sus características. Es necesario, no obstante, volver a recordar que identificar las metáforas es útil para saber cómo vive el niño o el adulto su mundo interno y cómo lo miniaturiza, pero, no lo olvidemos, el proceso de hacer la caja en el espacio contenedor, en silencio, y el estar con el terapeuta, es lo fundamental. Por eso, unas autoras expertas en el tema denominan a esta técnica *"el taller (workshop) silencioso de la psique"* (Bradway y McCoard, 2003). El énfasis no está en el interpretar ni analizar. El acento se pone en el proceso no tanto en lo que la caja puede significar.

Weinrib (1983) por su parte, destaca dos procesos que tienen lugar en el *sandplay*: la curación o sanación emocional (*healing*) y la expansión de la conciencia. Para Ammann (1991) hay dos procesos en el *sandplay*: el de sanación o curación y una transformación de la manera personal de percibir el mundo.

Pero también se muestran metáforas que contienen elementos resilientes: Por ejemplo, el niño solo en el bosque que es rodeado de alimañas pero tiene varios superhéroes que le protegen e impedirán que le hagan daño o le maten (hay amenaza pero también sentimientos de seguridad y protección). O las vallas que rodean a animales muy peligrosos: es verdad que éstos lo son pero estas vallas sugieren contención, límite y protección. Las mismas vallas pueden separar y hacer submundos: uno malo pero también puede existir uno bueno, conectados ambos por un puente (el niño puede ir integrando opuestos). Otros elementos resilientes son: las flores, los árboles, las plantas... simbolizan la vitalidad y la energía. La presencia de médicos y enfermeras son los cuidados percibidos. La policía es el control y la norma, así como la protección que el niño puede percibir. Los monstruos y los seres de pesadilla son la angustia y el terror... Estas metáforas –y otras muchas más– son solo algunos ejemplos de las que a menudo son depositadas en la caja. Cada niño o adulto hace la suya porque su proceso de individuación es único.

Como luego veremos con más detalle, nos quedaremos y nos centraremos en la metáfora que contenga la caja y trabajaremos con el niño o el adulto sobre la misma. **No se hace una interpretación sino una exploración conjunta del mundo creado en base a unas preguntas guía que lo faciliten.**

Pero –ya se ha dicho pero conviene insistir en ello– hablar sobre la metáfora de la caja es opcional. El trabajo, una vez concluida ésta, ya está hecho. Se puede completar con las palabras pero no es imprescindible. Si el niño o el adulto (como suele ocurrir) no quieren o no desean hablar con el terapeuta sobre lo realizado, no pasa nada; el trabajo no por ello es menor. **El terapeuta es un facilitador –y no un experto; el experto en la caja de arena es el propio autor de la misma: el niño o el adulto–; ambos hacen –junto con el terapeuta– la asombrosa aventura de explorar el mundo construido y hacerle los honores.**

Estas metáforas ayudan al paciente a comprenderse a sí mismo y se quedan grabadas de alguna manera, como imágenes de resiliencia, dentro de la mente del niño o el adulto.

En apartados posteriores desarrollaremos con detalle los pasos a seguir en la conducción de una sesión: qué observar, a qué prestar atención, qué preguntas se pueden hacer si el niño o adulto aceptan hablar sobre la caja, etc.

Vamos a centrarnos antes en los materiales que necesitamos y en cómo ubicar la caja y las miniaturas en la sala de terapia.

3.5. Materiales requeridos

3.5.1. La arena

Es obvio que la arena (figura 5) es el primero de los materiales que necesitamos para trabajar con la técnica de la caja. Para hacerse con ella, las personas que viven en un pueblo o ciudad costera no tienen ningún problema en acercarse a la playa y coger la que necesiten. Es necesario cribarla utilizando, por ejemplo, un colador de los que se usan en la cocina. La arena normalmente no está del todo limpia. Suele tener palitos, conchitas, colillas... El colador deja estos elementos no deseados fuera y queda sólo la arena. La de playa es muy adecuada para llenar la caja. La arena debe cogerse seca, por lo tanto conviene tomarla de una zona de la playa donde raras veces llegue el agua de mar (lo mejor es no demasiado lejos de las rampas o escaleras de bajada a la misma). Es más apropiado que no sea arena oscura densa (en algunas playas la hay de color gris casi negro) sino arena fina (los granos se sueltan y corren entre los dedos de la mano) de color blanco o amarillento-marrón claro. Si no queda otro remedio, se hace con la arena oscura, tampoco es un impedimento para trabajar.

Las personas que viven en localidades del interior de su país pueden hacerse con ella en tiendas donde la vendan (por ejemplo, en las de animales). Si cuentan con río también vale, aunque esta arena es más pastosa (por lo menos las que yo he visto) y es necesario dejar que se seque porque puede estar húmeda.

Siguiendo a mi profesora en la formación que seguí con esta técnica, la arena cumple las siguientes funciones (Martínez, 2006):

Figura 5. Arena fina de playa cubriendo la caja hasta aproximadamente un poco más de la mitad.

Nos conecta con la tierra, con la espiritualidad, con la creación. Este aspecto es un componente simbólico esencial en la elaboración de la caja de arena. Nos conecta con el origen, de dónde venimos (la madre tierra) y a la que volveremos, al morir, integrados en ella. También está –en el inconsciente– la conexión *tierra-origen de la creación*. Desde las explicaciones que se pierden en la noche de los tiempos, los mitos (maneras no científicas de explicar lo que se desconoce. Todas las culturas explican el mito de la creación: En la Wikipedia –Enciclopedia Libre de Internet– nos dicen que:*"un* **mito de la creación** *es una historia mitológica-religiosa o una explicación que describe los comienzos de la humanidad, la Tierra, la vida, y el universo usualmente como un acto deliberado de creación realizado por una o más deidades. Numerosos mitos de creación comparten a grandes rasgos varios* *temas similares. Motivos comunes comprenden el fraccionamiento y diferenciación de las partes del mundo a partir de un caos primordial; la separación de los dioses madre y padre; la elevación de la tierra de un océano infinito y atemporal; o la creación a partir de la nada"*), hasta las explicaciones científicas de la época moderna y contemporánea (La teoría del Big Bang).

Con todo esto conectamos porque forma parte de los contenidos del inconsciente colectivo (Jung, 1991).

Tiene cualidades sensoriales y kinestésicas. Uno de los primeros juegos que suelo recomendar a mis pacientes antes de comenzar a hacer la caja es la de introducir las manos dentro de la arena. Les pido que cierren los ojos y se concentren en lo que sienten, las sensaciones que experimentan. Pronto caen en la cuenta de lo fría que está. Después, los que no lo hacen *motu propio,* les propongo que jugueteen con la arena entre los dedos, que se echen arena de una mano a otra, que sientan el cosquilleo que produce el sentir los granitos cayendo sobre la palma de la mano y circulando entre los dedos. De este modo, pueden sentir las propiedades sensoriales y kinestésicas del material con el que van a trabajar.

La arena forma parte de la tierra. Una actividad, en este sentido, recomendable es jugar con la arena dentro de la caja (a los niños más pequeños o inquietos hay que decirles que sin arrojarla fuera. De todos modos, siempre caerá arena al suelo, poca o mucha, y hay que ser tolerantes y no rígidos con esto. Conviene tener un recogedor y una escoba para limpiar lo que caiga al suelo, y ya está. También es bueno contar con un suelo de madera tipo parquet flotante pues se barre muy bien) y al mismo tiempo escuchar una música que evoque sensorialmente los sonidos de la tierra (por ejemplo, el *Canon* de Pachelbel o *Las Cuatro Estaciones*, de Vivaldi). Es una experiencia sensorial (táctil, kinestésica, auditiva…) impresionante. Los niños puede que se aburran, pero con los mayores es muy sugestivo.

Es un medio que, al ser manipulado, permite la expresión de diversas emociones (desparramar, rociar, moldear, aplastar, cavar, alisar, etc.). Efectivamente, observar qué hace el niño con la arena es ya un indicador de sus características. Desde el niño que apenas la quiere tocar (¡algunos piensan que puede haber insectos o serpientes dentro!, por lo que es necesario decirles que está limpia y no hay nada ¡La imaginación de los niños es desbordante!), retraído, tímido o inhibido; pasando por el que la manipula ordenadamente según lo que desee hacer; hasta el niño que la desparrama, rocía, hace montículos… a veces sin demasiado criterio, lo cual puede sugerir más expansividad, extraversión e, incluso, impulsividad.

Cada niño –según sus características y circunstancias vitales– expresará sus emociones con la arena de una determinada manera.

Por ejemplo, me acuerdo de un niño llamado Sergio, de nueve años. El primer día, Sergio llega a la caja y rápidamente dice que va a construir una pista de motos para hacer una carrera. Hace surcos con las manos levantando la arena desparramándola hacia los lados, cayendo gran cantidad fuera de la caja. Hace también un montículo por donde circularán las motos en la etapa del recorrido de montaña. Cava la arena y la arrastra, con energía, hasta formar el montículo, con gran decisión y rapidez, sin pensar mucho, con lo cual vuelve a desparramar. En la carrera corren las motos a gran velocidad y entre ellas se chocan, se empujan, se golpean… Es a vida o muerte, vale todo, el que llegue primero gana.

Sergio es un niño comunicativo y extravertido, pero con problemas para controlar los impulsos y la conducta agresiva. En su familia, su padre habitualmente solía presentar arrebatos de rabia, cuando discutía con su mujer (no toleraba la frustración), en los que tiraba objetos, golpeaba las puertas mientras profería gritos y tiraba las sillas por el suelo. El modelo agresivo paterno de identificación había estado presente en la vida de este niño y expresaba ya su impulsividad en los movimientos rápidos de la arena y en cómo la manejaba. Y también lo manifestaba en el mundo que construía: enérgico pero agresivo (las motos pueden ser proyecciones del yo y de la omnipotencia), en donde todo vale, incluso matar al oponente.

Manuel (otro ejemplo) de dieciséis años, en cambio, ni siquiera tocaba la arena. Simplemente se limitaba a alisarla cuidadosamente para que quedara bien llana y acto seguido se limpiaba las manos al máximo hasta quitar todos los granos de la misma. Después, colocaba las figuras delicadamente sobre la superficie. Manuel era tímido e introvertido, apenas se expresaba con las palabras y no le gustaba el desorden, la brusquedad, la rudeza o la conducta expansiva e impulsiva. Era excesivamente reflexivo y encapsulaba sus emociones dentro de unos rasgos intelectualizados de tipo obsesivo (rigidez). La arena, incluso, le parecía algo sucio y el desparrame de la misma algo peligroso pues indica la pérdida del control, algo que temía mucho. Por eso la caja que hizo era ordenada y estructurada: una granja de animales en la que vivían dentro de unas cercas distintos animales que eran alimentados por granjeros. Había un orden milimétrico y obsesivo, lo cual indicaba su mundo mental rígido.

Otorga una superficie para poner las miniaturas. La arena que llena la caja hasta más o menos la mitad es la superficie sobre la cual se colocan las miniaturas y los distintos ítems que se utilizan para construir los mundos o hacer lo que el paciente desee. Es en esta superficie y en ese espacio que la caja **contiene** (esta palabra es importante, pues la experiencia queda precisamente contenida dentro de esos límites) donde se construyen y se hacen las escenas o los mundos.

A Félix, un niño de diez años, le encantaban las cajas de arena. Es lo que más pedía hacer en la terapia. Tenía una imaginación y una creatividad muy ricas. En sus cuadernos escolares dibujaba (lo hacía muy bien) ingeniosas fortalezas llenas de recovecos y lugares trampa, de tal manera que era casi imposible llegar hasta la sala principal, que es donde vivía el jefe.

Voy a hacer una caja de arena titulada "El valle maldito" –dijo–. Pero voy a necesitar poner muñecos y cosas fuera de la caja, usando esta banqueta que tienes aquí (Un taburete que usamos para subir y poder acceder a las miniaturas que quedan lejos del alcance de los niños).

Ya sabes que las únicas normas que existen son las de no echar la arena fuera y hacer la caja en este espacio. Es bueno que tengamos unos límites para hacerla, sino no sabríamos hasta dónde llegaría la caja, nos perderíamos y quizá nos sentiríamos inseguros –le contesté.

Construyendo puentes josé luis gonzalo marrodán

Pese a todo (Félix era un niño discutidor, que no toleraba fácil la frustración y deseaba imponer sus criterios), no aceptaba este límite. Pensé en ceder por no ser inflexible, pero no me parecía conveniente, por otro lado, que este niño no contuviera –o hiciera el esfuerzo de contener– la experiencia dentro del espacio de la caja. Opté por negociar con él (aunque era duro en las negociaciones, aceptó, quizá porque ya confiaba más en mí. Una de las razones de su tendencia desafiante era la necesidad que tenía de sentir el control; no podía cederlo a los demás porque no confiaba en los adultos. Sus padres no habían sido fuente de apego seguro para él sino, al contrario, de desorientación y de miedo por las discusiones violentas que solían tener ambos en su presencia) y le dije –con amabilidad pero con firmeza– que era bueno que respetáramos las normas, que no había muchas pero las pocas que había nos ayudaban a sentirnos seguros y a entendernos. Que esta vez tenía que limitarse a hacer el mundo dentro de la caja. Y que otro día podía jugar a eso que él había ideado en la zona de juegos (el espacio para jugar de la sala de terapia, más amplio pero con límites también). Y aceptó, al final.

Félix era un niño que no tenía sentido del límite, no había contado con figuras parentales que de manera suficiente hiciesen una tarea de ser filtro estabilizador de sus emociones y deseos. Le habían invadido emocionalmente sin enseñarle ninguna función reflexiva auto-reguladora. La superficie de la arena y los bordes de la caja le parecían demasiado pequeños para su expansión omnipotente.

El mundo que hizo fue muy revelador (figura 6. Vemos sólo la caja al principio pues después jugó con ella añadiendo nuevos elementos): un valle había sido inundado por el agua y todas las casas destruidas y muchos habitantes muertos. Tan solo se había salvado una familia en un barco (padre, madre y dos niños: su familia se compone de estos miembros). El barco había sido atacado por un tiburón enorme, que empezó a morder el barco y lo destrozaba (el niño narraba la secuencia y amplificaba emocionalmente la misma con voces y sonidos). Cuando parecía que la familia iba a morir dentro del barco hundido, vino un helicóptero para salvar a la familia pero... ¡oh!, el tiburón, aún más furioso (era el tiburón más enfurecido que jamás se hubiese visto), pegó un

Figura 6. "El valle maldito" de Félix, niño de 10 años. En este escenario aparecerá el tiburón. Metáfora de la omnipotencia destructiva en un niño de perfil desafiante.

gran salto y... ¡destrozó el helicóptero! La familia trató de huir pero no pudo y cayó al agua al destrozar el tiburón el barco. El tiburón se los comió a todos.

A medida que fue mejorando con la psicoterapia, sus historias (hubo más partes de su saga "El valle maldito"), a lo largo de distintas cajas, se fueron transformando y fue integrando elementos de resiliencia: venían policías a ayudar a la familia y ésta se salvaba, aunque quedaba muy mal muy mal. Tardarían mucho en recuperarse de las heridas del tiburón.

3.5.2. La bandeja o caja de arena

Como dicen Homeyer y Sweeney (1998): *"Es más que un contenedor de la arena, es un contenedor de la psique"*. Y así es. Los contenidos mentales (conscientes e inconscientes) que se exteriorizan y concretan en las miniaturas y en la gramática expresiva que es colocarlos en la caja, provienen de la psique del individuo. Por lo tanto, lo que se vierte o proyecta en los límites del espacio de la caja es la mente o psique misma de la persona. **El terapeuta, en consecuencia, nunca mente la mano dentro de la caja ni ayuda a hacerla al paciente** (le puede ayudar a coger figuras, a tenerlas en la mano o a construir y fabricar cualquier elemento que necesite y que no esté en las estanterías. Pero nunca introduce sus manos, incluso aunque el paciente le diga que no importa. Hay que responder que es algo muy suyo y personal y que conviene respetarlo y honrarlo). Hacer la caja es un proceso en el que el paciente "está con" el terapeuta pero aquél dirige y hace el trabajo, es algo de elaboración propia.

Tal y como propone Josefina Martínez (2006), psicóloga clínica y profesora de la Universidad Católica de Chile –con quien aprendí la técnica–, la caja de arena debe de tener, aproximadamente, estas características (figura 7):

Dimensiones específicas (50 cm x 72 cm x 8 cm de profundidad). Este tamaño permite:

Cubrir la bandeja con la mirada.

Contar con un espacio no restrictivo pero a la vez seguro y contenido. El espacio con las medidas descritas permite realizar los mundos con comodidad pero a la vez otorga la seguridad de que la experiencia va a quedar contenida dentro de unos límites: los de la caja física y los que proporciona el propio terapeuta como regulador emocional del niño o el adulto.

La forma rectangular permite compartimentalizar y contar con esquinas. Las esquinas son muy reveladoras porque el niño puede colocar elementos o símbolos como tesoros escondidos, árboles, animales o personajes enfadados, tristes o solos... Es necesario observar siempre estos espacios físicos y comprobar qué ha colocado el niño en los mismos.

De madera o plástico. Si nos atenemos al purismo (esto es, a mantener la doctrina, la costumbre o la práctica de la técnica en toda su pureza, sin admitir cambios ni concesiones), la caja debe ser de madera. En ese punto, como en otros, soy partidario de no defender ninguna ortodoxia ni radicalismo. No hay problema en que el material del que esté fabricada la caja sea de plástico (como las que se usan para guardar la ropa de invierno en los armarios

Figura 7. Para trabajar con los pacientes puede utilizarse una caja de plástico o una de madera como esta: 50 cm x 72 cm x 8 cm La caja está colocada sobre una mesita con ruedas.

y que se venden en los grandes almacenes: Ver la figura 7). Se trabaja con ella de igual modo. Lo importante –vuelvo a repetir– es el proceso, el "estar con". Y en esto una caja de plástico no interfiere. Por otro lado, si se desea utilizar el agua como material para trabajar con la arena, la madera no es impermeable y, por lo tanto, no sirve para este cometido.

Es necesario que la caja o bandeja de arena esté encima (o construida sobre) de una mesita con ruedas para poder moverla y trasladarla por la sala de terapia.

Pintada de azul por dentro (en el fondo para simular el agua, en los lados para simular el cielo). Un día un niño me comentó que por qué una caja pintada de azul. Le expliqué las razones (para que tengamos cielo y para que tengamos agua). Y él me respondió que quería crear un mundo galáctico con los personajes de *Star Wars* y que eso no le servía. Necesitaba que estuviera pintada de negro con estrellitas para simular el espacio sideral. Me quedé sin respuesta. No sabía qué decirle. Después de la sesión (y esto es una opinión y decisión personal que cada terapeuta debe tomar), fui a una tienda y compré otra bandeja y la coloqué sobre la mesita sin pintarla. Me acordé de Lowenfeld y de cómo los niños eran los que habían inventado la técnica de los mundos. Si un niño me esgrimía un argumento más que convincente para no pintar la caja (y la técnica es y pertenece a los niños), creo que tenía que aceptarlo. Y lo acepté. A partir de ahora, cuando alguien quiere agua, la pintamos en un papel. Cuando alguien quiere cielo, pegamos un papel de color azul en los laterales. Y cuando alguien quiere noche, hacemos lo mismo pero con el color negro.

La arena debe llenar entre un tercio y la mitad de la caja. Se puede observar en la fotografía (Figura 7).

El niño debe poder caminar alrededor de la caja. Este aspecto es importante. Como veremos en el epígrafe *"Pasos en la conducción de una sesión con la caja de arena"*, antes de pedirle al niño o al adulto (si ellos quieren) que nos hablen de su mundo o de lo que han hecho, se honra la caja viéndola y girando alrededor de la misma para captar las distintas perspectivas. Conviene que el paciente vea y se dé cuenta de lo realizado. No hay que precipitarse, tomarlo con calma, así éste aprende a ser pausado y reflexivo.

3.5.3. El agua

El agua tiene propiedades espirituales. En la Wikipedia (Enciclopedia Libre de Internet) podemos leer lo siguiente en cuanto al agua como símbolo: *"En cuanto a la filosofía, podemos encontrar a Tales de Mileto, uno de los siete sabios griegos, que afirmó que el agua era la sustancia última, el Arjé, del cosmos, de donde todo está conformado por el agua. Empédocles, un filósofo de la antigua Grecia, sostenía la hipótesis de que el agua es uno de los cuatro elementos clásicos junto al fuego, la tierra y el aire, y era considerada la **sustancia básica del universo**. Según la teoría de los cuatro humores, el agua está relacionada con la flema. En la filosofía tradicional china el agua es uno de los cinco elementos junto a la tierra, el fuego, la madera y el metal.*

*El agua también desempeña un papel importante en la literatura como **símbolo de purificación**. Algunos ejemplos incluyen a un río como el eje central donde se desarrollan las principales acciones, como es el caso de la novela 'Mientras agonizo' de William Faulkner y el ahogamiento de Ofelia en Hamlet".*

Se recomienda usar dos bandejas: una con arena seca y otra con arena húmeda. En efecto, si se quiere trabajar con el elemento del agua en las bandejas, es necesario disponer de dos: una con arena seca y otra con arena para ser utilizada con el agua. No es conveniente usar la misma caja con arena para trabajar con o sin agua, pues hay niños que no desean tratar con este elemento y otros sí. La arena quedaría húmeda y mojada para quienes después la necesitarían seca.

Tiene cualidades sensoriales y kinestésicas. Al igual que con la arena, suelo pedir a mis pacientes que sientan, que se concentren plenamente en la sensación del agua en las manos. Y les sugiero que expresen si la notan fría o templada y cómo es la experiencia de sentirla en las manos (la palma, los dedos...), esa sensación de manos mojadas. Observar con detenimiento cómo se mueve el agua, notar cómo resbalan las gotas por las manos, etc. es también atender a las propiedades kinestésicas de este elemento.

Una música adecuada para escuchar mientras se observa el agua y se siente en las manos sería, por ejemplo, el *Danubio Azul*, del compositor Johan Strauss.

Construyendo puentes josé luis gonzalo marrodán

Cambia la consistencia y maleabilidad de la arena. Cuando la arena se moja con agua, cambia su consistencia (se vuelve, todos lo sabemos, como el barro) y permite construir, moldear, excavar, hacer túneles... También cambia la sensación que se tiene al contactar con la misma (más densa y húmeda). Ofrece otras posibilidades al niño potenciando su imaginación y creatividad.

Puede simbolizar limpieza y nacimiento o inundación y muerte. El agua puede aparecer como símbolo purificador que limpia y sana o como nacimiento (bautismo u origen de un río, por ejemplo). Los niños incluyen el agua físicamente (o simbolizada en dibujos de ríos, lagos o mares, o en su imaginación aunque no la representen de modo alguno. En la caja de "El valle maldito", Félix no usaba ninguna representación del agua pero estaba presente en su historia) en sus cajas como expresión de un más allá, de la libertad, de lo desconocido, de lo que nace, de lo que limpia y cura, de lo que otorga riqueza y bienes (por ejemplo, el río que riega la tierra para que ésta haga crecer el fruto sembrado).

El agua también se puede presentar de manera desatada en forma de inundación que conlleva la muerte o la destrucción. Como vimos en la historia de Félix, el agua (aunque no estaba físicamente presente ni la había dibujado) había inundado el valle y matado a todos sus habitantes. Es la expresión de una fuerza de la naturaleza con potencia destructora. Es el agua no canalizada. Normalmente, los niños que la utilizan en este sentido suelen presentar procesos depresivos internos que se enmascaran a través de los problemas de comportamiento y la conducta agresiva.

Se recomienda usar un rociador. Al utilizar el agua en la sala de terapia, es conveniente usar un rociador (un recipiente tipo *spray*) para poder administrarla de una manera regulada. Proveer al niño de jarras o baldes de agua con vasos puede terminar, por mucho que se ponga cuidado (los niños son como son y no hemos de esperar que se comporten como los adultos), con el suelo de la sala de terapia calado. Normalmente, tras un paciente viene otro y no se puede dejar el suelo mojado. Con el rociador se puede obtener el agua reguladamente. Además, hay niños especialmente inquietos, movidos, impulsivos… a los que es necesario ponerles la experiencia de un límite regulador como lo es un rociador. El rociador es una metáfora también de cómo hemos de canalizar nuestras energías en la vida. El agua si se suelta sin canalizar puede resultar destructiva. Pero si se canaliza (como lo son los ríos o los canales), se puede obtener de ella enormes beneficios. Con ello, cumplimos el objetivo de proporcionar al niño el elemento que necesita para construir su caja y a la vez vive una experiencia de regulación ¡Muchos de ellos la necesitan!

3.5.4. Las miniaturas

Seguimos a la profesora Josefina Martínez, psicóloga, de la Universidad Católica de Chile (2006).

Las miniaturas son las palabras, símbolos y metáforas que representan las vivencias internas del niño o el adulto (figura 8). Para que el niño o el adulto puedan concretar sus vivencias internas, es necesario que el terapeuta les provea de un vocabulario amplio y diverso. Así como un buen diccionario tiene un elevado número de palabras donde elegir, la vitrina o la estantería donde colocamos y exponemos las miniaturas debe de tener un buen número de éstas. **Las miniaturas equivalen a las palabras del diccionario. La bandeja de arena es el lugar donde el niño o el adulto utilizan la gramática,** una *"gramática de la fantasía"*, como dice Rodari (2002), para construir los mundos.

La vitrina o estantería debe estar colocada en una de las paredes de la sala de terapia infantil. Realmente, una vitrina es mucho más atractiva, útil y limpia que una estantería. La vitrina viene protegida con puertas o ventanas de cristal que la mantienen aislada del polvo. Además, la vitrina estéticamente es más bonita que la estantería. No obstante, la estantería (de madera tipo aglomerado) también puede servir aunque tiene el inconveniente de que, de vez en cuando, hay que hacer limpieza con un trapo porque el polvo mancha las baldas donde se colocan las miniaturas y quedan sucias y antiestéticas. Le hace perder atractivo a la técnica.

Figura 8. Miniaturas expuestas en una estantería ordenadas por categorías. La simple visión de las mismas le otorga a la técnica de un atractivo singular.

© De las miniaturas presentes de la marca Playmobil: PLAYMOBIL/ Geobra Brandstätter GmbH & Co. KG.

Lo que realmente le otorga magia a la técnica es la colocación de las miniaturas. Todas bien ordenadas y puestas en las baldas por categorías, para que el niño o el adulto se orienten bien y sepan en qué baldas están las que pueden necesitar. Entrar a la sala de terapia y ver la estantería o vitrina con las figuritas, todas en fila y ordenadas, ejerce un efecto visual y sensorial atractivo que capta de inmediato la atención de la gente en general y de los pacientes en particular ¡Es una delicia dedicarse a mirar la estantería unos minutos!

En la sala de terapia, la caja de arena, encima de la mesita con ruedas (se puede pedir que nos fabriquen una a medida en las tiendas de bricolaje), se sitúa, en paralelo, enfrente de la estantería. Cuando el paciente haga la caja, ésta ha de colocarse en perpendicular a la estantería donde están las miniaturas, de tal manera que éstas queden accesibles y a la izquierda del paciente según éste se sitúa frente a la caja, tal y como vemos en la siguiente fotografía (figura 9).

Es necesario que quede espacio suficiente para que el paciente pueda caminar alrededor de la caja sin estrecheces. En el apartado siguiente titulado:*"Pasos en la conducción de una sesión con la caja de arena"* veremos porqué necesitamos este espacio.

Guía para la selección de las miniaturas.

Que sean miniaturas.

Que sean representativas del mundo de los niños o adultos con los que trabajamos.

Que estén hechas de una variedad de materiales (plástico, madera, piedra, arcilla…).

Categorías de miniaturas. Las posibilidades son infinitas. Existen tantas como personas en el mundo. No hay que obsesionarse con tener muchas, es mejor que exista variedad que cantidad. Al principio, se puede empezar con un equipo básico con el que se puede trabajar y, con el paso del tiempo, ir completando la colección y el diccionario de símbolos que ofrecemos a nuestros clientes.

Figura 9. Posición en la que ha de colocarse la caja de arena sobre la mesita con ruedas cuando el paciente va a comenzar a construir su mundo.

© De las miniaturas presentes de la marca Playmobil: PLAYMOBIL/ Geobra Brandstätter GmbH & Co. KG.

Las principales categorías en las que podemos agrupar las miniaturas son las siguientes (Asociación para el Desarrollo de la Psicología Analítica en Colombia. ADEPAC: http://www.adepac.org./) (figura 10).

Personas: La familia, profesiones (policía, bombero, médico, enfermero, militar, profesor, cocinero, mecánico, informático...) niños, adolescentes, adultos, bebés, novios... Hay que tenerlos de distintas razas.

Animales: Domésticos, salvajes, prehistóricos, de granja, insectos, tiburones, ballenas, delfines, peces, animales marinos diversos... La serpiente es un animal a no olvidar (se puede usar para representar el abuso sexual).

Vegetación: Árboles de distintos tipos, plantas, césped, flores...

Construcciones y viviendas: Casas, colegios, edificios, castillos, rascacielos, caseríos, tiendas de campaña, casas abandonadas y rotas, cárcel, un fuerte, ladrillos, muros, puentes, pozo, igloo...

Figura 10. Categoría de miniaturas: animales prehistóricos, de fantasía y salvajes dispuestos en un estante.

© De las miniaturas presentes de la marca Playmobil: PLAYMOBIL/ Geobra Brandstätter GmbH & Co. KG.

Construyendo puentes josé luis gonzalo marrodán

Medios de transporte: Coches, camiones, autobuses, aviones, trenes, barcos, barcas, quads, motos, motocicletas, bicicletas, patinete, skate, ambulancia, coche de bomberos, coche de policía, tanques, furgonetas, jeeps, camiones militares, excavadora...

Rejas y signos: Vallas, señalizaciones de carretera, señales tráfico, pivotes, carteles indicadores, barreras, pasos a nivel...

Items naturales: Rocas, troncos, madreras, ríos, lagos, mares...

Fantasía: Dragones, minotauros, unicornios, cíclopes, perros de tres cabezas, fantasmas, verdugo, la muerte, Campanilla, Peter Pan, el lobo, caperucita, la madrastra, la bruja...

Comics y películas: Spiderman, Batman, Superman, La Masa, Heidi, Marco, Cenicienta, Blancanieves, los enanitos, el sheriff, vampiro (Drácula), Frankestein, Bob Esponja, personajes de la saga de la Guerra de las Galaxias, del Señor de los Anillos, de Matrix, de Avatar, King-Kong, Gremlins, La Familia Simpson, La Familia de los Increíbles, Personajes de Toy Story, El Zorro, El Fantasma de la ópera, zoombies, Caza Fantasmas, Harry Poter... El rey y la reina, el bufón, guerreros medievales, caballeros medievales, el vaquero, el bandolero...

Místicos y espirituales: Paloma de la paz, sacerdote, fraile, monja, mandalas, propios de la cultura de origen del niño o adulto (por ejemplo, en Euskadi el Lau-Buru), ángeles, caballos alados (Pegaso), sirenas, Haloween...

Elementos domésticos: Lámparas, mesas, lavadora, lavavajillas, ducha, sillas, televisiones, jarrones, platos, vasos, cucharitas, jarritas, mesillas, camas, candelabros, aparadores, botellitas...

Accesorios: Escaleras, rastrillos, fuego, jardines, un tesoro, barriles, cadenas, esposas, comida en miniatura, cañones, escopetas, pistolas, puñales, espadas, bandera, bidones, contenedores, basurero, mástil...

Esto sólo es un listado con las miniaturas básicas. Por muchas que tengamos, siempre puede ocurrir que el paciente pida algo que no tenemos. En ese caso, le decimos que lo puede dibujar o pintar en un papelito y colocarlo, pues lo que importa es el símbolo.

Las miniaturas se van completando con el paso de los años. En el tiempo libre, callejeando, en los viajes... se tienen oportunidades de encontrar tiendas en las que venden infinidad de ellas y comprar aquéllas que no tengamos o las que nos parezcan especialmente interesantes para nuestros pacientes ¡La estantería del terapeuta con las miniaturas también proyecta o dice mucho de cómo es éste!

Las personas allegadas (colegas, amigos, pareja...) suelen regalarnos –cuando viajan– miniaturas pues saben (si se lo hemos explicado) que trabajamos con la caja y que nos puede venir muy bien contar con un variado número de ellas. Pueden traérnoslas de otros países y así tendremos símbolos de diversas culturas.

Las miniaturas también se pueden fabricar con una pasta que la marca *Sculpey* ofrece. Se moldean y a continuación se meten en el horno de casa, quedando listas después para usarse.

3.6. Pasos en la conducción de una sesión con la caja de arena

De acuerdo con Gil (2006) y Martínez (2006), los pasos en la conducción de una sesión con la caja de arena son los siguientes (Vamos a ilustrar cada paso con la exposición del trabajo que hizo con la técnica en psicoterapia Arturo, niño de 9 años, transcribiendo, literalmente, el diario de la sesión mantenida con él):

I. Preparación de la sala y materiales.

Revisar que todo está en su lugar. *Antes de la llegada de Arturo, me fijo en la estantería de las miniaturas y compruebo que todas están levantadas y colocadas por categorías (cada balda es una categoría; por ejemplo, los animales de granja en una; los prehistóricos, en otra; etc.). La bandeja de arena colocada sobre el carrito y en paralelo a la estantería.*

Asegurar que no haya objetos enterrados. *Con la mano y un pequeño rastrillo, reviso bien toda la arena por la superficie y por el interior con el* *fin de comprobar que no queda ningún objeto o ítem de la sesión anterior. Tras efectuar esta operación, observo que no hay nada y que todo está limpio.*

Dejar la arena plana. *Aliso la arena para que quede plana en la superficie.*

Despejar el espacio. *Corro las sillas y la mesa que está enfrente de la estantería y la caja de arena con el fin de que quede espacio suficiente para que podamos trabajar cómodamente.*

II. Presentación de la técnica

Explicar al niño lo que es la bandeja de arena. *Arturo toca el timbre de la consulta. Es su tercer día de terapia, viene acompañado de su padre adoptivo. Es un niño inquieto y movido, risueño y afable con el terapeuta. Presenta problemas de conducta y agresividad con los iguales, desafiando a padres y profesores. Sufrió malos tratos físicos y emocionales durante el primer año de vida. Anteriormente, he pensado que tras los dos primeros días (presentación y primer contacto), puede ser buen momento para hacer una caja de arena que me permita evaluar sus fortalezas y conflictos.*

Arturo entra y tras un primer momento en el que se tira hacia los cojines de la zona de juego, se arrastra por el suelo, grita y da volteretas, me acerco a él cuidadosamente y se pone en actitud de escucharme. Estos primeros minutos de desahogo, dentro de unos límites, le vienen muy bien.

—Arturo, ¿ves esa estantería con miniaturas? –le digo–.

—Sirve para que las puedas coger y colocar en esta bandeja que contiene arena (la abro a la vez que hablo). ¿Te gustaría hacer algo?

Arturo responde que sí y se acerca rápido. Le digo que espere un poco (pues es un niño espontáneo e impulsivo y ya se iba a lanzar a hacerlo sin que hiciéramos la fase de familiarización que a mí me gusta mucho). Cojo la caja de arena y la coloco en posición perpendicular a la estantería. Le digo a Arturo que se sitúe frente a la caja de tal modo que la estantería con los ítems y las miniaturas quede a su izquierda. Yo me coloco cerca de él, a su derecha, frente a la caja.

Así como Arturo es muy espontáneo e impulsivo, además de tener gran imaginación y capaz de hacer el proceso de una manera fluida (necesitando por
parte del terapeuta de regulación para que la experiencia y el proceso se
haga ordenadamente y no se convierta en un caos, dadas las dificultades
del niño con las normas), otros niños pueden mostrarse inhibidos, tímidos o
retraídos y les cuesta más tanto acercarse como empezar la fase de sensibi-
lización con los materiales. También les lleva mucho más tiempo construir el
mundo o la bandeja que hagan. Cada niño es diferente y debemos aceptarle
incondicionalmente y actuar favoreciendo que se sienta cómodo para crear
y trabajar con la bandeja.

Permitir que el niño se familiarice con los materiales. —*Espera un poco,
Arturo, antes de coger las miniaturas es necesario que conozcas el material
con el que vas a trabajar –le digo–. Pero ya no hace falta porque él mismo
ha metido las manos en la arena y ha comenzado a moverla, tanto que la
tira, en abundancia, al suelo. —Bien, Arturo, de eso se trata, que conozcas
la arena, la toques, la sientas y te concentres en ella. Puedes moverla como
quieras (desparramarla, amontonarla, apartarla a un lado…) pero sin arrojarla fuera, ¿de acuerdo?*

*Juntos tocamos la arena y jugueteamos un rato con ella. Arturo parece cal-
mar un poco la excitación que parece le produce hacer la caja y se concentra
en coger la arena a puñados y hacerla resbalar por sus manos.*

*—¿Qué sientes? Concéntrate en la arena, cómo cae en tus manos e, incluso,
mete las manos adentro de la arena, en lo profundo.*

—¡Qué fríaaaa! –grita Arturo mientras ríe–.

Una vez hecha esta fase sensorial y de familiarización con la arena, pasamos a comunicar las reglas y la consigna de trabajo.

Comunicar las reglas. —*Como te he dicho* (le hablo mientras seguimos
jugando con la arena, se centra mejor) *estas miniaturas puedes colocarlas
en esta caja y hacer lo que quieras. Déjame un momentito para que te diga
cuáles son las reglas y cómo funciona* (Arturo ya se iba a coger una figura).
Coges las figuras que tú quieras y haces lo que tú desees aquí, dentro de

esta caja. Yo soy tu ayudante y estoy acompañándote todo el rato, pero tú haces la caja. Mientras la haces, estamos en silencio. Después, la miraremos un ratito para ver bien lo que has hecho. La podemos comentar y hablar sobre ella, si tú quieres. Finalmente, la fotografiaremos porque no podemos dejar lo que hayas hecho, tenemos que recogerlo. Las fotografías son para guardar lo que has construido y también para ver todas las cajas que vas haciendo a lo largo del tiempo.

Dar la consigna. —*Adelante, puedes empezar.* –Y Arturo comienza. Tiene claro lo que quiere hacer–.

III. Creación del mundo

El terapeuta se mantiene completamente presente y confía en el proceso. Como he comentado, otros niños o adultos bien por inhibición o por otras causas, les cuesta mucho más este proceso de elegir las miniaturas e ir haciendo la gramática en la caja. Se lo piensan más, dudan más (pueden poner unas miniaturas y luego quitarlas; es conveniente fijarse en qué es lo que se ha quitado) y les lleva un buen rato hasta que dan con lo que quieren representar. Pero no sugerimos nada al paciente sobre lo que ha de hacer. Acompañamos, estamos con él y podemos coger figuras en la mano mientras él las va eligiendo. Con los menores más retraídos o con vacilaciones para hacer este trabajo se les puede animar: si no saben cuáles coger... ¡que dejen que las miniaturas les elijan a ellos!, como suele decir Josefina Martínez. Pero no sugerimos nada al paciente sobre lo que ha de hacer. Incluso cuando les pedimos que –si quieren o pueden– representen, por ejemplo, la ansiedad o el miedo u otra emoción (la variante directiva de la técnica), no les sugerimos nada más, el niño o el adulto hacen la bandeja de arena ellos solos.

El proceso de conectar con el interior y concretarlo es distinto en cada niño o adulto, y hemos de comprenderlo y respetarlo. Confiamos en el proceso y nos sentimos seguros de poder contener lo que salga, además de ser capaces de regular al niño con nuestra sola presencia. **Estamos plenamente presentes, atentos a todo y con los cinco sentidos en el niño o adulto**

y su trabajo. No se abandona la sala para nada, el proceso de hacerlo es lo más importante y para ello el terapeuta tiene que estar conectado con el paciente y su sentir.

Conviene tener una escalerita para que el niño pueda subirse a la parte alta de la estantería y ver lo que hay allí también, pues lo puede necesitar. O tener estanterías diseñadas para la altura de los niños.

Normalmente, hacer toda la caja de arena puede llevar entre 30 y 45 minutos, por lo que es conveniente prever una sesión entera. Hay niños que en 5-15 minutos pueden haber terminado (aunque en mi experiencia no es demasiado frecuente) y otros tardan la sesión entera. Los adultos también son variables en el tiempo que les puede llevar, depende de cómo sea cada persona.

Es necesario poner el timbre que anuncia que quedan 15 minutos para terminar la sesión con el fin de empezar a recoger, sobre todo si luego vienen más pacientes ¡Encontrarse con la caja sin recoger cuando está otro paciente esperando puede conllevar grandes retrasos! En mi caso, este timbre (como en el caso de muchos terapeutas) suena siempre en todas las sesiones y nos indica que hemos de ir terminando.

Se guarda silencio. *Arturo no tiene problemas para permanecer en silencio y tampoco necesita especial ayuda por mi parte.* El silencio es fundamental para conectar con el interior y poder hacer el proceso de exteriorización y miniaturización concentrado. Hay que respetarlo escrupulosamente.

IV. Post-creación

Observar lo creado. Moverse alrededor de la caja modelando la observación. *Arturo me indica con un 'ya' que acaba de terminar su obra. Inmediatamente, empieza a hablar sobre la misma.* Esta respuesta no es infrecuente en los niños. Es conveniente esperar la comunicación espontánea del creador de la escena, ver su reacción. Pero el paso de tratar de observar visualmente lo creado girando alrededor de la caja es necesario hacerlo, pues así el niño o el adulto toman más conciencia aún de lo realizado y lo ven globalmente, desde distintas perspectivas.

Construyendo puentes josé luis gonzalo marrodán

Estoy deseando, Arturo, escuchar lo que me cuentes de lo que has hecho, pero es mejor no apresurarse y que miremos primero, durante un momento, lo creado. Así también honramos lo que has hecho.

En mi experiencia, en general, no es un paso que les guste demasiado. Pasan rápido alrededor de la caja y suelen decir que... ¡lo ven igual desde todos los sitios! Es necesario que acompañemos al niño mientras andamos alrededor de la caja (nos paramos en cada lado y en las esquinas), haciéndolo nosotros también para que el niño nos vea como modelos.

Los niños más impacientes e impulsivos son los que tienen más dificultad en esperar y hacer el paso de observación del mundo creado ¡Están deseando contar lo que han hecho!

Preguntar cómo fue hacer la caja de arena *—¿Qué tal te has sentido, Arturo, haciendo la caja? ¿Cómo te ha ido?* –le digo–. *Bien* –responde–. Los niños no suelen ser demasiado prolijos en esto, son escuetos pero claros. Los adolescentes suelen decir: *Sin más.*

Pedir reacciones al ver la obra terminada. Si el niño o el adulto no comunican espontáneamente nada, se les puede hacer (y responden si lo desean, no forzar nunca) las preguntas anteriores: qué tal fue hacer el mundo, cómo se han sentido, vamos a ir andando alrededor de la caja y parándonos para verlo desde distintos sitios... Esto conviene tenerlo presente para los niños menos espontáneos, más callados, introvertidos e inhibidos. Animarles y ser un poco más directivos con ellos para que se abran, pues puede que les cueste coger confianza. Si el terapeuta les transmite confianza y les hace saber que está dispuesto a ver y escuchar lo que ellos quieren manifestar (muestra auténtico interés), estos niños terminan por exteriorizar. Pero lo trascendental es aceptar a cada uno como es.

Permitir que el constructor sea confrontado con el mundo, no apresurar preguntas. Esto es importante, para eso hacemos la fase de observación, para que el paciente sea confrontado por el mundo hecho. Y para que el terapeuta pueda admirarlo –y también comprender lo manifestado– e identificar la metáfora contenida. Nos damos tiempo para reflexionar, tanto el niño o el adulto como el terapeuta.

Indagar reacciones ante lo observado. El niño o el adulto, cuando ven su obra en la fase de observación desde distintos ángulos, pueden espontáneamente quitar una figura o añadir otra. También pueden hacer algún cambio en la caja (cambiando de sitio miniaturas o haciendo cualquier tipo de modificación en la escena creada). Esto se permite (yo, al menos, lo permito, pues cualquier rigidez al respecto no es buena. A fin de cuentas, es una técnica creada por los niños). Además, es interesante ver qué se quita o qué se cambia. O qué se añade.

El niño se puede reír, asustar, sorprender, callar, enrabietar... O desear pasar rápido a jugar con las miniaturas de la caja, o terminar ya, o se desconecta de repente del proceso... El terapeuta refleja y amplifica las emociones, y las contiene sin invadir. Hace una función reflexiva (Fonagy, 2004). Esto es normal en la medida que el niño conecta en esta fase con lo creado, con lo consciente y lo inconsciente proyectado.

Co-investigar con el niño o niña la escena creada. Si el niño o adulto no quieren hablar sobre lo que han hecho, como ya hemos dicho anteriormente, no se insiste en ello. Más adelante discutiremos con detalle la cuestión sobre lo verbal y lo no verbal en la psicoterapia. Pero el trabajo ya está hecho. El procedimiento es esencialmente no verbal. E idóneo para los niños o adultos que, como ya hemos visto, por diversas causas, no tienen disponibles las palabras o éstas suponen –como en el caso del paciente traumatizado– una activación psicofisiológica excesiva que sitúa a éste fuera del margen de tolerancia, pudiendo retraumatizar. Para los pacientes traumatizados es un medio seguro y de elección para abordar los contenidos traumáticos.

Tras hacer la caja y observarla, se pasaría a preguntar al niño o adulto si desean que su mundo sea fotografiado, antes de recogerlo.

Normalmente, los niños y adultos que no tienen especiales dificultades cognitivas o emocionales con el lenguaje, no tienen mayor problema en hablar, es más, les gusta contar. Si nos centramos en lo que han hecho, habla un *tercer elemento* por ellos, con lo cual se sienten cómodos y seguros para verbalizar. Es más, muchas veces, espontáneamente, nada más terminar la caja, ya se ponen a hablar...

El instrumento para hacer una co-exploración con el niño o el adulto sobre lo creado, es la pregunta. Las preguntas que se pueden hacer deben de ser lo más abiertas posible y tratando de no afirmar para no sugestionar al paciente. Es conveniente formularlas precedidas de un "parece"; "he visto que...". O "háblame de...". De tal manera que investigamos el mundo con el niño y no demos nada por sentado afirmando categóricamente. El niño o el adulto siempre deciden sobre lo que han hecho o construido, ellos son los expertos en su mundo y no nosotros, no perdamos esta perspectiva.

Se puede preguntar sobre si hay una "historia", sin embargo hay niños que pueden pensar que les estamos forzando a ser creativos. Lo mejor sería preguntar de un modo genérico: *"Qué está pasando en este mundo"*. O: *"¿Quieres hablar sobre lo que has hecho?"*. *"Cuéntame sobre tu mundo"*; o: *"Dime qué clase de mundo es"*.

Se puede preguntar secuencialmente sobre los objetos: *"He visto que lo primero que pusiste fue una casa, háblame sobre eso"*. Se puede indagar sobre cómo fue hacer aspectos específicos de la caja o preguntar sobre áreas y grupos de objetos. Se puede inquirir acerca de cuál es la parte favorita del constructor. Se le puede pedir al constructor que haga comentarios sobre qué otra cosa puede necesitar su mundo.

Indagar si el paciente estuvo "sorprendido", "encantado" o "intrigado" por algún aspecto de la caja.

Arturo hizo esta caja de arena (figura 11) y en mi diario de terapia está escrito (lo transcribí de la grabación de vídeo) este diálogo que sostuvimos al terminar su trabajo. Arturo estaba cómodo hablando de su mundo y esto fue lo que conversamos después de observar la caja durante un rato desde distintos ángulos:

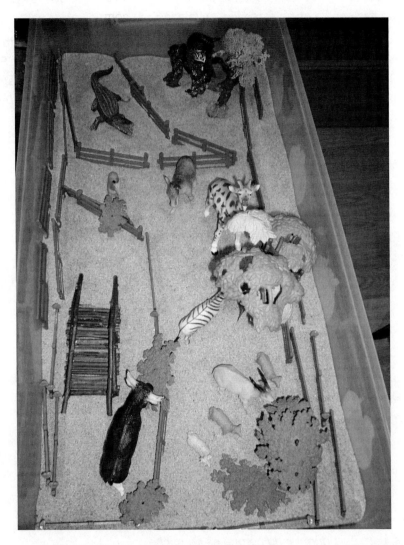

Figura 11. Metáfora de los malos tratos sufridos por Arturo, niño de 9 años. El caballo furioso, solo, en una esquina. El toro a pesar de las vallas, se las salta y agrede al burrito que se ha quedado cojo a consecuencia de estos ataques.

Construyendo puentes josé luis gonzalo marrodán

Terapeuta (T): *¿Qué está pasando en este mundo? He visto que lo primero que has puesto es este caballo, en la esquina...*

Arturo (A): *Sí. Esto es una granja, esto es toooodo tranquilidad ¡¡Pero...!! Éste* (el caballo negro al fondo) *está atado porque es muy nervioso. Éste* (el toro) *es un poco duro y podría destrozarlo todo. Esto son las cabras que van a por comida. Esa es la jirafa que está sola, la pobre. El burro está un poco cojo...*

T: *¿Qué le pasa a la jirafa para estar sola?*

A: *Nadie le hace caso, a veces se porta mal...*

T: *Háblame algo más del caballo...*

A: *¿No ves que es furioso?*

T: (El terapeuta asiente). *Me pregunto si, al ser furioso, ¿le dejan solo o se pone él solo?*

A: *No, se pone el solo porque también podría atacar. Más que el toro todavía.*

T: *Háblame del cocodrilo...*

A: *Es tranquilo, muy tranquilo, el más tranquilo de todos.*

T: *¿De qué se alimenta?*

A: *No, no, no... Este cocodrilo no come ¡No me muerdas, no me muerdas...!* (Dice mientras mete el dedo en la boca del cocodrilo...).

T: *¿Qué hacen el resto de los animales?*

A: *Estar.*

T: *Parece que viven aquí...*

A: *Sí.*

T: *¿Cuida alguien de ellos?*

A: *Sí, pero está durmiendo porque es de noche.*

T: *Cuéntame un poco más sobre el toro.*

A: *Aquí tiene un puente para pasar. Porque cuando se le acabe esta comida* (tiene hierba en el suelo; coge el toro y lo mueve pasando el puente) *les ataca a éstos* (otros animales que están lindando su valla y que tienen comida: un caballito y el burro). *Uno está cojo y está en el hospital* (refiriéndose al burro).

A: *Y éste, éste, éste... eh... eh...* –coge de la estantería el caballero que monta al caballo negro y que porta en su mano una maza; Arturo se muestra nervioso y tartamudea un poco–. *¡Ya está! Éste controla al caballo. Tiene esto* (se refiere a la maza); *cuando se porta mal, le da.*

T: *Me has dicho que el burro está en el hospital...*

A: *No ves cómo tiene aquí una raja...* (Coge el burro y me lo enseña).

T: *¿Ha sufrido mucho el burro con estos ataques...?*

A: *¡¡Está en el hospital...!!* (Como sorprendido).

T: *Claro, por supuesto. Es muy doloroso. Si el toro le ha hecho daño, ¡cómo no va estar en el hospital!, necesita curarse y sanar de sus heridas...* (El terapeuta valida su experiencia).

T: *¿Se han sentido asustados los animales?*

A: *Iiiaaaa, iiiaaaa* (imita el sonido del burro, como quejándose). (Se muestra más movido e inquieto cada vez).

A: *Alguna vez, sí.*

T: *Es normal, pudiendo ser atacados, sentir miedo...*

A: *Bueno, pues esto es la caja de arena* (Quiere terminar ya. Cuando noto que el niño o el adulto desean terminar, suelo cerrar).

T: *¿Con qué te quedas de todo lo que has hecho?*

A: *Con todo.*

T: *¿Le falta algo a tu mundo?*

A: *No.*

Esta caja es muy reveladora de los problemas emocionales y del comportamiento de Arturo. En esta metáfora, el niño ha proyectado los conflictos que él siente con las normas y los límites, así como los impulsos agresivos (el caballero con la maza y el toro) y el dolor y el miedo por los malos tratos sufridos. Los agresores y las víctimas (ambos roles que él puede ejercer), y cómo los primeros les pueden dañar a los segundos. El miedo que los animales sienten ante tanto descontrol. Y el burrito con la pierna rota... Arturo sufrió una fractura en el hueso de la pierna cuando convivió con los padres biológicos, no se sabe si por negligencia o por maltrato directo de los mismos. Las vallas actúan de separación y, a veces, de contención. Límite que este niño no vivencia con sentimiento de protección sino con sentimiento ambivalente.

Sin otros medios, este niño no habría podido expresar ni contener esta experiencia. El proceso de la caja (el acompañamiento, la regulación, el estar plenamente presente...) ha sido el ingrediente más importante y fundamental para que el paciente sienta seguridad y se exprese, sobre todo con niños como Arturo con grandes problemas con los límites y la regulación emocional como consecuencia de los malos tratos.

V. Volviendo todo a su lugar

Desarmar la bandeja cuando el niño se haya ido. Josefina Martínez (2006) propone que se desmonte la bandeja de arena cuando el niño se haya marchado de la sesión, dejando claro desde el principio que se desarma al terminar.

Es conveniente tener dos pinceles para poder limpiar los restos de arena que suelen quedar pegados en las miniaturas. Si no se hace así, éstos caen en las baldas de la estantería y se van acumulando en las mismas.

Antes de desmontar la caja, se les dice al niño o al adulto si quieren fotografiar su mundo (cuando se les presenta la técnica, ya se les avisa de esto) y desde dónde les gustaría retratarlo (desde qué ángulo). La mayoría suele querer sacarle una foto –y además pueden pedir salir en ella, junto a la caja; algunos hasta la abrazan– Pero el paciente puede negarse –y de hecho pasa– a la fotografía, con lo cual se respeta completamente.

Un asunto que puede discutirse es si permitir al niño o adulto llevarse una copia de la fotografía de su caja a casa, para guardarla. No soy partidario de planteamientos radicales pero personalmente trato de hacer comprender al niño o al adulto que lo que se hace o dice en el espacio de la terapia, allí queda. Otra opción que suelo proponer es que cuando terminen la psicoterapia se la puedan llevar con ellos.

Como opción propia, suelo recoger la caja con el propio niño o adulto. Al principio, solía hacerlo solo, cuando éstos ya se habían marchado de la sesión. Pero un día, un niño se ofreció a ayudarme a recogerla y me pareció adecuado. Desde entonces, suelo desmontar la caja con la ayuda de los niños o adultos (¡a algunos niños les cuesta un poco, pero otros lo hacen encantados!).

3.7. Tipos de cajas de arena

De Domenico (1988), expone los diferentes tipos de cajas que existen:

Cajas móviles y dramáticas. Este es un tipo de caja en la que el niño mueve las miniaturas mientras cuenta lo que pasa en su mundo. Normalmente, es parecido al juego simbólico: el niño pide al terapeuta que juegue con él y cuenta una historia. El terapeuta acompaña y sigue al niño, pues es éste quien dirige y hay que permitírselo. Se puede reflejar y amplificar lo que el paciente siente y hace, pero no se interpreta. El niño puede dramatizar batallas, escenas de familia, un cuento, una historia, una situación…

Un ejemplo de caja móvil es la historia de "El valle maldito" del niño Félix que hemos contado anteriormente. Los niños habitualmente pasan a jugar y dramatizar con la caja, para ellos es algo que surge de manera natural.

Cajas estáticas. Serían las contrarias a las anteriores. Por ejemplo, la caja de Arturo era estática (aunque haya podido mover alguna miniatura durante un rato para apoyar el relato) porque no dramatizaba con los personajes aunque contara o hablara sobre lo que pasaba en la escena de la granja. Las figuras y los ítems permanecen en su sitio mientras que en las cajas móviles y tras la dramatización, estos elementos pueden cambiar de ubicación.

Cajas silenciosas. Las cajas silenciosas son aquéllas en las que el niño no incorpora voces a los personajes ni a los ítems. Normalmente, las cajas móviles no suelen ser silenciosas y las estáticas, en cambio, sí. Aunque existen excepciones y el niño puede incluir sonidos aunque los elementos e ítems de la caja se queden en su sitio (por ejemplo, en la caja de Arturo, el niño imita con su voz el rebuzno del burro, pero sólo lo hace una vez, permaneciendo las miniaturas en su lugar original). Una caja silenciosa también sería la de un mundo creado por el niño donde nadie habla o no se puede hablar (una caja, por cierto, que sería muy reveladora de lo que le puede estar pasando a nivel emocional a ese niño).

Cajas con sonido. El niño suele utilizar sonidos para imitar el ruido del mar, las voces de los personajes, onomatopeyas, el sonido de los animales... Normalmente, las cajas con sonido suelen ser las dramáticas y móviles y no tanto las estáticas. Aunque estas últimas pueden incorporar sonidos diversos por parte del niño cuando cuenta o explora su mundo.

3.8. Papel del psicoterapeuta (qué observar)

Homeyer & Sweeney (1998) y Martínez (2006) recogen cuál debe ser el papel del psicoterapeuta a lo largo de todo el proceso de realización de la caja de arena:

Mantiene una completa atención e interés. El psicoterapeuta debe mostrar una atención plena a todo el proceso: cómo responden el niño o el adulto; qué conductas muestran; si son capaces de concentrarse e involucrarse en el trabajo; cuáles son sus respuestas emocionales (más desinhibidas o inhibidas); si deciden pronto qué hacer o dudan y tardan mucho; si pueden guardar silencio...

Una de las dificultades del terapeuta estriba en cómo tomar notas sin perder la atención a todos los detalles, tanto a los del paciente como a los del mundo que va creando éste (qué miniaturas elige, cuáles deja, cuáles vuelve a coger, cómo lo organiza...). Por ello, es recomendable grabar en vídeo la sesión (pidiendo permiso al paciente y a los padres o tutores, si es menor de edad. A este respecto, conviene tener en cuenta la Ley de Protección de Datos. Los datos de vídeo son para el terapeuta y se utilizan sólo para uso clínico. Normalmente, garantizando la debida confidencialidad, todos suelen acceder), para no perderse detalle. Se puede anotar lo que se considere de interés pero debe ser breve para no desconectar del paciente. Éste debe sentir al terapeuta y saberse acompañado y guiado durante todo el proceso.

Contiene la experiencia sin invadir ni abandonar. El terapeuta acepta cualquier mundo que pueda surgir y crear el paciente y nunca juzga lo que éste haga. La caja es una manera simbólica de expresar todo tipo de conflictos y emociones, por muy intensas y dramáticas que éstas sean, y es positivo y necesario que el paciente las pueda miniaturizar pues forman parte del proceso de elaboración emocional.

La propia caja es ya un contenedor *per se*, sí; pero el terapeuta mismo debe constituirse en regulador de las emociones del paciente. **La regulación interpersonal que proporciona la relación terapéutica es un instrumento que permite que el paciente sienta que puede ser contenido sin ser invadido.**

En el caso de Arturo, un niño tendente a las respuestas agresivas y a los cambios de humor, con propensión a desafiar la autoridad de los adultos, en su caja, al final –tras revelar que el burro estaba en el hospital y validar y reflejar el terapeuta su experiencia–, expresó: *"Esto es la caja de arena"*, probablemente activado por las emociones pues lo que había representado era una metáfora de su propia historia de maltrato. Por ello, el terapeuta, atento a esto, va haciendo un cierre de la sesión, ya que el niño necesita volver a la estabilización emocional.

Hasta el momento –y después de seis años trabajando con la caja de arena– nunca ningún paciente niño o adulto se han activado con la técnica como para descontrolarse emocionalmente. El procedimiento –por las razones que ya hemos comentado páginas atrás– resulta seguro porque no es directo. Pero sí genera emociones hacia las cuales el terapeuta debe estar atento (sobre todo con personas traumatizadas que tienen dificultades para la regulación emocional) para ayudar al paciente a estabilizarse –si éste se activara en exceso– y terminar –si es necesario–, o pasar a otro tipo de preguntas o cuestiones menos intensas emocionalmente. **El haber trabajado anteriormente con el niño o el adulto recursos de estabilización –como la respiración o el *lugar mental de seguridad*–, es conveniente y necesario.**

Construyendo puentes josé luis gonzalo marrodán

No hay que abandonar la sala ni al paciente en ningún momento de la sesión (esto no debe hacerse nunca en ninguna sesión, pero con la caja de arena, menos aún, pues el proceso es lo más importante y compartir físicamente esa **co-transferencia** –Hunter, 1998– que supone lo que el niño o adulto ha depositado en el espacio contenedor, es fundamental. Que el terapeuta esté presente es, desde todos los puntos de vista, imprescindible). Tampoco hay que abandonar al paciente desde el punto de vista mental (distracciones, cansancio, pensar en otras cosas…). Eso es otra manera de no estar con él. Hay que estar muy atentos a estas formas de contratransferencia que pueden interferir negativamente en el proceso.

Actúa como testigo silencioso, validando su experiencia. El silencio es la parte clave del proceso cuando el niño o el adulto están creando. Es lo que les permite conectar con su interior y que puedan exteriorizarlo en miniaturas y hacer la gramática en la caja. Para niños más inseguros, una breve frase (sólo una) que exprese *"¡qué interesante!"* puede bastar para que continúen en silencio y se afiancen en lo que estaban haciendo. Pero no más. El silencio hay que procurar no romperlo, ya que se interrumpe la conexión con lo que la caja nos vincula (la tierra, la arena, los símbolos, nuestro interior…).

La validación de la experiencia es también un aspecto a tener muy en cuenta. **El niño es un experto en su caja y nosotros actuamos dándole valor a lo que él siente y piensa.** En la caja de Arturo, éste dice: *"¿No ves que está furioso?"*, cuando habla del caballo que está sólo. Y el terapeuta asiente. Después, más adelante, cuando insiste –entre sorprendido y enfadado– en que el burro está en el hospital, el terapeuta valida esa experiencia reflejando que es muy doloroso y que necesita sanar.

Por lo tanto, se puede afirmar que actuar de facilitador y de figura terapéutica que valide al niño o al adulto son las dos piedras angulares de todo el proceso, junto con el silencio y el estar plenamente presentes a lo largo de toda la experiencia. Se tiende a pensar, para los niños o adultos que gustan de hablar y explicar sus mundos, que cuantas más preguntas les hagamos como terapeutas mejor les entenderemos y mejor conoceremos cómo ayudarles, ignorando que la experiencia y la vivencia es lo principal. Inicialmente, les damos demasiada importancia a las preguntas y a los comentarios sobre la caja. Sin embargo, conforme cogemos experiencia en el manejo de la técnica, nos vamos dando cuenta de que el proceso es lo que le otorga potencia terapéutica. Como dice la profesora Josefina Martínez (2006), la imagen queda de alguna manera grabada en la mente del niño o el adulto y les acompaña, ejerciendo un efecto beneficioso.

No realiza interpretaciones, se mantiene en la metáfora. Como se ha comprobado en la transcripción de la sesión mantenida con Arturo, en todo momento nos mantenemos en la metáfora y nunca hemos interpretado (cuando hacemos el proceso de la caja) que lo que al niño le pasa es lo mismo que al burro (ha sido dañado) y que, por ello, ahora le sucede como al caballo o al toro, que son agresivos y que pueden dañar a los otros a su vez. Por muy claro que lo tengamos, nos debemos de cuidar mucho –por lo menos desde nuestro enfoque metafórico– en hacer estas interpretaciones durante el proceso. **Weinrib (1992) enfatiza e insiste en que las imágenes creadas en la caja por los clientes no se interpretan en el momento en que han sido hechas.**

Las metáforas tienen poder para sanar y curar emocionalmente a las personas por sí mismas. Otro asunto es que, posteriormente, al terminar toda la fase de la terapia que comprende el trabajo con la caja de arena y empezar a abordar los aspectos emocionales y conductuales con el niño o el adulto mediante otras técnicas podamos hacer alusión a lo experimentado con las cajas y revisarlas, pero siempre de una manera respetuosa y dejando al niño o al adulto la opción de decidir si le calza o no lo que descubrimos conjuntamente. Entonces, sí se puede decir que se interpreta –si se le quiere llamar así, aunque yo prefiero llamarlo una nueva co-exploración– al paciente pero usando un *tercer elemento* y nunca de un modo directo sino indirecto. Como hemos dicho, a modo de nueva co-exploración.

Veamos un ejemplo: En el caso que nos ocupa, Arturo terminó su trabajo con las cajas y pasamos a otra fase en la que abordaríamos el trauma por los malos tratos que sufrió mediante otras técnicas. Una vez que el niño ha accedido a los contenidos traumáticos de una manera no verbal, puede trabajarse de una manera más verbal. Los niños o adultos se atreven, normalmente, a tratar estos sentimientos tan dolorosos con la palabra pero debemos apoyarnos también, como decimos, en un *tercer elemento* donde poder depositar y canalizar los mismos y elaborarlos y no desbordarse, ya que esto les otorga seguridad. Los niños o adultos deben estar tranquilos emocionalmente en ese momento de la fase de la terapia (hemos debido de enseñarles previamente recursos psicológicos para estabilizarse emocionalmente, y su contexto no debe de generar estrés) y percibir que los terapeutas no sienten miedo ni incredulidad ante lo que van a contar. En este sentido, Cyrulnik[2] (2010) refiere en sus memorias que: *"... me era imposible hablar de lo que había vivido porque la gente se reía de mi historia y no creían lo que les contaba..."*. Este autor afirma que para poder narrar historias de vida duras es necesario contar con un intermediario.

A propósito de lo verbal en psicoterapia, si hablamos cara a cara con un paciente niño o adulto proponiendo directamente cualquier tema o problema con intensa carga emocional (algo muy doloroso), éstos se cerrarán en banda, se desconectarán, distraerán, descompensarán, etc. Con los pacientes traumatizados ya hemos dicho que esto es retraumatizante para ellos −sobre todo al principio, cuando la relación terapéutica no está construida y el terapeuta no puede actuar como regulador del niño o adulto−, pues exponerles directamente al trauma excede su margen de tolerancia a las emociones que se suscitan (Steele et. al., 2008). **Previamente es imprescindible −además de que la relación terapéutica sea confiable y segura− haberles dotado de recursos de estabilización y calma.**

Pero trátese del paciente que se trate, **si trabajamos a nivel verbal utilizando un espacio o un "medio que medie", aquél se sentirá seguro y participará y expresará cosas que jamás nos diría en un cara a cara.**

---

2. Cyrulnik fue un niño víctima de la crueldad nazi durante La 2ª Guerra Mundial, superviviente y paradigma de la resiliencia en el sentido pleno de la misma: transformación personal desde la más dura adversidad. Es actualmente un reputado psiquiatra experto en resiliencia y autor de numerosos libros sobre este apasionante tema.

Por ejemplo, un dibujo, una metáfora, unas simples caras con emociones, un juego tipo a los de la oca pero en el que se trabajan emociones... ofrecen resultados sorprendentes. Esta tarea se convierte –como ya hemos comentado que postula Geddes (2010)– en lo que está entre el niño y el terapeuta y es facilitador de la expresión, sobre todo con los niños más perturbados emocionalmente, con trastornos de la vinculación, traumas... **Pero en general, a todos los niños les viene bien (es más, lo necesitan) una técnica o actividad de tipo lúdico sobre el que *mediar* la palabra. No en vano el juego es su lenguaje.** De este modo, la palabra es mucho mejor sentida y tolerada por el niño, y éste empieza a experimentar que puede hablar en el espacio de la psicoterapia sin amenazas y con seguridad.

Por ello, volviendo al caso de Arturo, y con el fin de que se pueda entender bien qué es el *tercer elemento*, se le proporcionó una técnica en la que debía pintar o poner en un papel (espacio contenedor) lo siguiente: un corazón para las personas que más amaba; un gato negro para las personas que temía; una avispa para las personas hacia las que sentía rabia y una tirita para quienes pensara que necesitaban cariño y curarse de su dolor (Esta técnica la aprendimos en el Diplomado de formación especializada para psicoterapeutas infantiles, organizado por el IFIV de Barcelona que dirigen Jorge Barudy, psiquiatra, y Maryorie Dantagnan, psicóloga).

Arturo puso un corazón para sus padres y sus hermanos adoptivos; un gato negro para su padre biológico; una avispa para sus dos padres biológicos y una tirita para él y también para los padres biológicos.

A continuación, Arturo rompió a llorar. Gruesos lagrimones cayeron por sus mejillas, algo que antes nunca había sucedido en el espacio de la terapia donde lo más habitual era que se mostrara enfadado, frustrado, desobediente, con conductas regresivas (tirarse al suelo, gatear, chuparse el dedo, mostrar berrinches...). Siempre manifestaciones muy exteriorizadas. Era la primera vez que exhibía emociones interiorizadas. Este niño sabía que había sido maltratado por sus padres biológicos y que le habían hecho daño –pues se lo habían contado– pero nunca lo había podido expresar emocionalmente (sí en las cajas de arena a través de las metáforas, que ya es mucho). Podemos comprobar que esta técnica del corazón, el gato, la avispa y la tirita es, a la vez, verbal y no verbal. Hablamos con el niño de lo que ha simbolizado, con lo cual el aspecto del lenguaje verbal tiene una presencia significativa.

Tras reflejarle a Arturo empáticamente su dolor y expresarle que sentía que lo sintiese, después de devolverle elementos de resiliencia (él había sobre-vivido a pesar de todo y sus conductas agresivas eran producto de ese dolor por los malos tratos y que con la terapia conseguiría transformarlas en aspectos constructivos y no destructivos como pegar e insultar a los demás –podía llegar a hacer mucho daño cuando se enfurecía–) y una vez que se tranquilizó, le hablé de la caja del burrito que hicimos semanas atrás y le pre-gunté si la recordaba.

—*¡Ah, ya me acuerdo!* –me dijo–.

—*Lo tengo en vídeo grabado, ¿desearías verlo?*

—*Sí* –dijo Arturo–.

Y lo vimos juntos, y fue cuando (aquí es donde interpretamos –en el sentido de hacer una nueva co-exploración– pero usando el *tercer elemento* que he comentado más arriba) le comenté si a él le podría pasar, a veces, como al burrito pero también sentirse o actuar como el toro precisamente por el dolor de lo que le pasó al burrito. Y que si necesitaría cariño y "hospital" como el burro pero también aprender a vivir las vallas (los límites) con cali-dez y no percibirlos como ataques (la autoridad siempre la sentía como una amenaza). Y su respuesta fue afirmativa. Lo aceptó. Hizo *insight* ("lo vio por dentro"). El que se lo planteara de una manera respetuosa y a través de los personajes (el *tercer elemento*), ayudó a que lo viviera de un modo seguro y a que se diera cuenta.

Por lo tanto, **en la forma de trabajo que propongo con la caja de arena se llega a relacionar lo no-verbal con lo verbal pero en dos momentos (o fases) terapéuticos distintos (sobre todo con niños con severos pro-blemas emocionales, trauma y/o trastornos del apego).** Pero, primero, permitimos que lo no verbal actúe (sólo el hecho de que el niño miniaturice ya alivia el dolor emocional de por sí aunque no se avance mucho; y aliviar…

¡ya es terapéutico!) y comprobamos si el proceso lo va resolviendo el paciente por sí mismo a través de lo que éste va haciendo en las cajas o no. Será una primera forma de acercamiento a los problemas válida, segura y eficaz. Tanto si resulta (el niño va concluyendo con cajas de arena en las que integra el conflicto y le da una respuesta positiva y constructiva o transforma lo negativo en positivo o lo malo en bueno) como si el niño se estanca (se queda en la no integración o en la ambivalencia), pasaremos, en segundo lugar, a la fase más verbal donde se pueden revisar las cajas hechas y ponerlas en relación con otras técnicas que estemos utilizando, como hemos visto en el caso de Arturo.

Bradway y McCoard (2003) analistas de la escuela de Jung –acerca de lo que venimos hablando sobre la psicoterapia verbal y no verbal en relación con la técnica de la caja de arena–, dicen en su libro *Sandplay: The silent workshop of the psyche* que hacen –en el proceso terapéutico– el trabajo con la bandeja de arena de tres maneras diferentes, todas ellas igual de válidas: (1) El análisis o psicoterapia verbal como terapia principal y la caja de arena como adjunta a ésta (2) La caja de arena como principal terapia y la terapia verbal como adjunta (3) La caja de arena y la terapia verbal transcurren simultáneamente con dos terapeutas diferentes.

Dora Kalff (1980), no obstante, afirma que **la caja de arena es un método de psicoterapia en sí mismo,** aunque admitía que en la psicoterapia debía de haber tiempo para discutir los problemas del cliente y los sueños importantes.

En mi opinión, en psicoterapia es mucho más eficaz y necesario combinar la técnica de la caja de arena con otras técnicas, como ya hemos dicho, pero con el mismo terapeuta. Desde mi punto de vista, no veo inconvenientes a que sea el mismo profesional, es más, me parece adecuado porque paciente y terapeuta construyen una relación que es la base fundamental sobre la que aquél va consiguiendo la mejoría psicológica de los problemas por los que consulta, el **apego terapéutico** del que habla Siegel (2007).

Por lo tanto, volviendo al caso de Arturo –como con otros niños víctimas de malos tratos y con trauma– por norma general, y en mi experiencia, sólo con esta técnica no fue suficiente para ayudarle en su proceso de sanación emocional. Arturo necesitaba el tratamiento con la caja de arena y, además, trabajar con otras técnicas emocionales y conductuales para conseguir cambios positivos, así como la experiencia de apego terapéutico a la que hemos hecho alusión (Siegel, 2007). Sobre todo porque este niño manifestaba un severo problema debido a que no regulaba las emociones, en particular la ira. Cambiaba de humor rápidamente y –según fuera su estado de mente– actuaba impulsivamente pasando al acto sin poder contenerse. Tenía un problema de apego desorganizado punitivo (Gonzalo y Pérez-Muga, 2011) que precisaba de una terapia en la que se utilizaran diversas estrategias y técnicas y una relación terapéutica confiada y segura. Sin embargo, otros niños con problemas menos graves es posible que puedan hacer el proceso de elaboración exclusivamente con la caja de arena. **La fase de evaluación del niño o el adulto es necesaria para establecer el diagnóstico, los objetivos y las técnicas de intervención terapéutica con el paciente.**

Por lo tanto, en general, con niños traumatizados o con severos problemas emocionales y conductuales, **la caja de arena es adecuada (y reúne todas las virtudes que hemos comentado) pero, en mi opinión, debe de integrarse dentro de un programa integral de psicoterapia** incluyendo otras técnicas como el dibujo, el juego... La caja de arena no es la panacea, pero... ¿acaso alguna técnica terapéutica lo es?

Se convierte en un co-explorador, revisando con el niño o niña su creación y lo que ésta significa para él o ella. La tarea del terapeuta –cuando abordamos la fase de la post-creación y el niño o el adulto están dispuestos a hablar sobre lo que han construido– es la de adoptar una actitud de curiosidad y receptividad invitando al paciente a explorar lo que éste ha creado. Asimismo, el terapeuta ratifica el significado que para el niño o adulto tiene su caja.

Linda Hunter (1998) es psicóloga y psicoterapeuta de juego. Trabaja con niños y familias desde hace muchos años, acumulando una amplia experiencia. Ella refiere que *"... sólo el niño sabe el trabajo que necesita hacer en un momento dado. El niño se toma el tiempo que él necesita y actúa cuando se siente preparado. El niño se interpreta a sí mismo y al terapeuta. El terapeuta acepta, refleja y algunas veces comenta. Dentro de la seguridad de la relación terapéutica creada, la estructura del self del niño se relaja, las nuevas experiencias se integran y el cambio tiene lugar".*

El terapeuta, cuando co-explora con el niño su creación, *"... se abre a los significados, sintoniza con el estado interno y las emociones del niño como una madre siente y piensa los sentimientos de su hijo"* (Millikan, 1992). Un *"espacio co-transferencial se establece"* (Bradway, 2003).

Actúa como espejo, reflejando al niño su proceso. Este aspecto es importante y ya ha sido explicado con anterioridad. Solamente volvemos a subrayar la trascendencia que esta actuación tiene sobre el niño o el adulto porque facilitan el proceso de sanación emocional. Como dice Hunter (1998*), "... una atmósfera de aceptación y receptividad debe de crearse para que el niño se sienta seguro sobre qué hacer o no hacer y qué decir o no decir, teniendo en cuenta los límites básicos que prevengan herirse o dañar las propiedades".*

Devolver al niño en espejo lo que dice o siente, amplificar sus emociones y percepciones le ayuda poderosamente a *sentirse sentido* (Siegel 2007), componente fundamental para desarrollar apegos seguros en las personas. También favorece el autoconocimiento personal y el darse cuenta de sus acciones, pensamientos y sentimientos sobre sí mismo y el mundo que le rodea.

Para que todas estas funciones puedan darse, la relación terapéutica es clave. Ésta debe ser sólida, segura y confiada. Debe existir una alianza de trabajo entre el paciente y el terapeuta.

Aspectos importantes a observar por parte del terapeuta durante todo el proceso son los siguientes (Josefina Martínez, 2006):

El niño muestra fluidez al crear o dificultad. Hay niños o adultos que desde antes que se les dé la consigna ya tienen claro qué van a crear. Se mantienen centrados en la tarea, en silencio y solamente piden ayuda para cosas muy concretas. Normalmente son niños en los que la información emocional fluye cerebralmente y no están atascados ni en un extremo de la rigidez mental ni en el otro de la desorganización o caos mental (Siegel, 2011). En este sentido, este autor plantea el cerebro de las personas como un río. Cuando existe equilibrio emocional, la información se transmite por el cerebro de una manera continua y fluida, tal y como lo hace el agua del río por el medio de éste. Sin embargo, en determinados momentos de la vida al atravesar problemas o debido a alteraciones emocionales o de personalidad, el cerebro puede tornarse rígido (entonces el agua se acerca a una de las dos orillas y se atasca entre el ramaje o las piedras) o manifestarse caótico (se aproxima a la otra orilla del río donde el agua se queda arremolinada o sin rumbo claro).

Un niño o adulto que fluyen creando y sintonizan con el terapeuta (siempre y cuando éste adopte una actitud facilitadora) son más equilibrados emocionalmente, creativos y seguros. Los pacientes rígidos mentalmente fluyen menos y se atascan más en el proceso, sintonizando emocionalmente en menor medida. Es propio de personas evitativas, muy dominadas por la actividad del hemisferio izquierdo. Un niño o adulto caótico o desorganizado puede crear pero desde la incoherencia o la yuxtaposición de miniaturas sin orden y sentido.

Todo esto, evidentemente, es orientativo. Además, los pacientes pueden cambiar y mostrar modos de funcionamiento distintos.

Determinación o duda. Hay niños o adultos más determinados y decididos. Son más asertivos o impulsivos y construyen fácilmente y sin vacilar lo que ellos quieren hacer. Los niños más dudosos pueden ser más inseguros pero también, sencillamente, más lentos y necesitar su tiempo. Los niños inseguros preguntan muchas veces si está bien lo que hacen. Pueden empezar la caja, no quedarse conformes, desarmarla entera o en parte y volver, de nuevo, a construirla. Puede ser inseguridad pero también perfeccionismo.

De cualquier modo, es necesario evitar etiquetaciones y tomar el proceso de la caja como una muestra y no generalizar en exceso.

Capaz o incapaz de involucrarse en el proceso. ¿Se producen por parte del niño disrupciones durante el trabajo con la caja, cortando el flujo constructivo, distrayéndose, alterándose, desconectándose? ¿Se niega a hacer la caja de arena si se le propone? Esto –al menos en mi experiencia– es muy poco frecuente y tan sólo me ocurrió con un niño. Es importante que los niños sepan que no se trata de hacer algo bonito o feo, ni de crear algo estético o artístico. Puede resultarlo, pero no se pretende. Se trata de que el niño perciba que puede hacer lo que quiera y que es válido todo lo que él haga. Debemos evitar que se confundan con una clase de plástica o que piensen que vamos a adoptar la actitud de un profesor evaluando o poniendo nota.

Otra variable a observar es la conducta del niño y su estado emocional que puede propiciar que haga todo el proceso sin involucrarse porque apenas reflexiona y todo es un *acting.* Suelen ser niños impulsivos o que atraviesan estrés o que manifiestan ansiedad. O que presentan estados de hiperactivación, poco dados a la reflexión y la integración de las emociones con las cogniciones. Esto ya proporciona una información muy útil sobre el niño.

Sucede, al principio, en los niños más caóticos, desorganizados y/o alterados emocionalmente, que sus cajas no tienen demasiado orden. Llegan casi al caos o a la desorganización. Yuxtaponen las figuras, llenan prácticamente toda la caja (esto también sugiere algo: necesidad de cubrir, de llenar…) sin pensar ni idear historia alguna. Indica que estos niños no pueden conectar con su interior (su pensar, su sentir, en suma, su cuerpo). Esto puede suceder por diversas causas.

Pero, de nuevo, la clave está en el proceso y no en lo que resulte. El terapeuta validará la experiencia del niño y le otorgará el sentido que él le haya dado (porque puede que no haya historia ni hilo narrativo pero sí un sentido para ese niño). Como dice Hunter (1998), **el niño tiene la libertad de hacer lo que quiera hacer.**

Pero –y he aquí el potencial de esta técnica– conforme el niño vaya experimentando con la misma, aprenderá a conectar con su interior, a simbolizar, a hacer este proceso de miniaturización de lo que siente y piensa y, progresivamente, asistiremos, acompañando al niño sesión tras sesión, a que el caos se transforme en un orden, en una historia, en un argumento… El niño se está cohesionando por dentro.

Por ejemplo, aquí tenéis dos fotografías (figuras 12 y 13) de dos cajas de arena que pertenecen a un niño con apego desorganizado. Una es de las primeras sesiones y la otra de varias sesiones (1 año aproximadamente) después. Se nota la diferencia, ¿no?

Figura 12. Caja de arena realizada por un niño de 11 años con apego desorganizado en la primera sesión de trabajo con la misma.

Figura 13. Caja de arena hecha por el mismo niño un año después. El cambio en cuanto a orden y estructuración es notable.

Acciones con o sin propósito. Del mismo modo, las acciones sin propósito suelen estar más asociadas a los niños emocionalmente alterados, con problemas de regulación emocional, trastornos del comportamiento, impulsividad...

Por ejemplo, Simón es un niño de diez años derivado a psicoterapia. Su familia (padre, madre y hermano) participa de un programa de intervención familiar a causa de los malos tratos que ejercen los padres sobre Simón. El niño llega a consulta y se hace difícil la contención en el espacio de la psicoterapia: se muestra agitado, tenso y se mueve por todas partes tocando todos los juguetes. Apenas permanece un rato en una actividad, ya cambia a otra.

El terapeuta le propone trabajar con el cajón de arena y Simón accede encantado. No puede atender a las breves explicaciones y consigna sobre la técnica. Ya coge las figuras y lo hace tan precipitadamente que las tira todas. Cuando ve que caen, pega un manotazo y arroja más figuras al suelo, esta vez porque quiere desafiar y comprobar cuál es la reacción del terapeuta.

Tras indicarle con firmeza pero con amabilidad que eso no debe hacer y recoger las figuras, el terapeuta trata de tranquilizar al niño, primero, diciéndole que sólo será un poquito de tiempo (pone los dos dedos de una mano, el pulgar y el índice juntos, muy cerca, pero sin llegar a tocarse, para que el niño comprenda que será muy poco lo que tiene que atender pero que debe hacerlo para comprender cuáles son los pasos del trabajo a hacer, con el fin que esto le dé seguridad). Simón atiende mínimamente y después, tras la consigna, empieza a hacer la caja: coge ítem tras ítem, rápido, sin actuar pensando o planificando, de una manera impulsiva. Termina (figura 14) y lo que resulta es un cajón lleno de miniaturas, apretadas, todas mirando hacia el niño. No quiere hablar, pues las figuras, dice: *"Están ahí, sin más"*. Simón está muy contento con lo que ha hecho (mira al terapeuta con una sonrisa como esperando su reacción). Esto es lo fundamental: que el terapeuta acompañe, valide y refleje al niño en su proceso, mostrándose receptivo. Por eso el terapeuta hace los honores a la caja de Simón. Lo que ha resul-

Figura 14. Caja de arena construida por un niño de 10 años víctima de malos tratos y con problemas de control de impulsos. Se percibe desorden y un cierto caos, reflejo de su estado de mente en esos momentos.

tado no es sino una manifestación de que este niño está demasiado alterado emocionalmente como consecuencia de los malos tratos como para pensar, planificar y regularse, pero deseoso de que alguien –quizá por primera vez– valide lo que ha realizado. Y esto es lo trascendental. Las cajas se organizarán en la medida que él y su ambiente familiar se vayan organizando y calmando.

Las **acciones con propósito** sugieren un niño más ordenado y planificado, incluso autocontrolado. Esto no significa que no presente problemas (bien por timidez, retraimiento, ansiedad, depresión...) emocionales. Estos, probablemente, serán más interiorizados y se presentarán en un niño más organizado. El niño menos expresivo, silencioso, con problemas de relación por inhibición, con retraso del lenguaje, etc. necesita encontrar un vehículo de expresión y la caja lo puede ser para él. El que sean niños más interiorizados en su expresión los vuelve más invisibles (pues no presentan alteraciones del comportamiento que molestan a los adultos u otros niños) que los exteriorizados. Los primeros pueden recibir menos ayuda que los segundos.

El terapeuta también debe observar qué hace el niño con la arena (tocarla, desparramarla, tirarla, cavar, etc.) y con las miniaturas: preferencias, rechazos, forma de manipularlas...

Hay que determinar cuáles son los puntos de conflicto y las fuentes de fuerza o ayuda; los signos de resiliencia. Nuestra concepción de las cajas de arena contempla la visión resiliente del niño o del adulto, sus fortalezas. No debemos obviarlas.

Ejemplos: *"Los animales son abandonados en una casa en ruinas pero vendrá un granjero y les adoptará"*, contó una niña. Existe un profundo sentimiento de abandono pero aparece una figura simbólica como es un granjero, alguien que cuida. Lo cual sugiere que esta niña presenta estos intensos y dolorosos sentimientos pero cuenta en su interior con la percepción de que alguien le quiere y le salva rescatándole de ese sufrimiento. Joaquín, de once años, hizo una caja en la que los dinosaurios se escapan, vienen de un mundo remoto. Van a asaltar la ciudad. Los soldados, mandados por el jefe de policía, lanzarán fuego y matarán a las bestias. Éstas habían raptado a dos perritos pequeños. Los iban a devorar y sus padres, desesperados, eran testigos del riesgo que corrían sus hijos. Pero los soldados (símbolo de autoridad, de lucha, de valentía, de ayuda...) salvan a los perritos y la historia acaba bien. Hay puntos de conflicto: la destructividad, la violencia que se desata, el temor ante la amenaza... Pero también resilientes, y debemos de tratar de captarlos siempre en todas las cajas, si los hay. A veces, si los niños se sienten muy hundidos, afectados o alterados emocionalmente, las historias no tienen apenas elementos de resiliencia. Por ejemplo: *"Viene un viento fuerte y tira todas las casas. Las familias se quedan sin vivienda y como no tienen donde refugiarse y hace mucho frío, se mueren congelados"*, dijo Mónica una niña de nueve años que había sufrido abusos físicos y sexuales por parte de su padres. *"¿Puede venir alguien a ayudarles?"*. Respuesta de Mónica: *"No"* (tajante y secamente). *"Todos morirán".* Esto nos sugiere la existencia de profundos sentimientos depresivos (la muerte) y de culpa y autopunición. Pero también, cuando los niños no presentan apenas elementos de resiliencia y todo es conflicto o adversidad, debemos de preguntar a sus cuidadores, padres o responsables qué está sucediendo en el ambiente o en las relaciones interpersonales de ese niño porque es posible que existan problemas en este sentido que le estén perturbando.

Cuando el niño va avanzando en su proceso, aparecen cada vez más elementos de resiliencia y menos puntos conflictivos. Vanessa, una niña de 8 años que vivió abandono severo en un orfanato hasta la edad de cuatro años, empezó sus cajas mostrando claramente cómo los niños estaban solos, no tenían a nadie... Después, en otra caja, los niños vivían en un poblado pero una estampida de animales los arrollaba y morían. Más adelante, en otra caja hecha posteriormente, unos animales vivían en una granja. Los cuidaba una familia. Se sentían felices. Tan sólo sentían miedo de un ladrón que merodeaba pero el dueño de la granja le esperaba con una escopeta y le echaría de allí. Como podemos comprobar, esta niña ha ido evolucionando hacia una mayor presencia de elementos resilientes (cuidado, protección, seguridad) en sus trabajos con la caja.

Y, finalmente, hemos de observar qué tipo de mundos predominan (Homeyer & Sweeney, 1998; Martínez, 2006):

Mundo vacío. Apenas hay ítems o miniaturas. Predominan los espacios vacíos en la caja. Hay muy pocas miniaturas. Puede sugerir (esto es sólo orientativo y en ningún caso matemático): pobreza cognitiva, sentimientos de vacío, sensación de soledad, depresión, abandono... El conocimiento del niño nos permitirá ir comprendiendo qué significado tiene para él un mundo vacío (figura 15).

Figura 15. Mundo casi vacío realizado por Erika, joven de 16 años atravesando una etapa depresiva.

Figura 16. Mundo sin personas y poblado por distintos tipos de vehículos, construido por un niño de 7 años con trastorno de conducta.

Construyendo puentes josé luis gonzalo marrodán

Mundo sin personas. Hay animales pero no personas. Hay coches y motos, pero no personas. Hay robots pero no personas. Es significativo y deberíamos también comprender el sentido que esto tiene para el niño. Lo he observado en chicos, sobre todo. Suelen ser niños con problemas para la vinculación emocional. También suelen ser niños que necesitan símbolos omnipotentes como vehículos o robots o superhéroes. Pero esto —insisto— es sólo una orientación y no se puede ni debe generalizar (figura 16).

Mundo cerrado o cercado. Nos plantea que existe contención en ese niño o joven y una estructura. "¿Demasiado rígida y compartimentalizada?", deberíamos preguntarnos. También podemos observar si las vallas crean submundos y si hay formas de acceder a los mismos (mediante puentes, barcas, coches, pasadizos...). Es interesante indagar acerca del nombre que puede poner a cada uno de los submundos. Ejemplo de algunas de las denominaciones que los niños han dado a sus submundos: Lo oscuro y lo claro; la época antigua y la nueva; lo bueno y lo malo; el desierto y la ciudad; los ricos y los pobres...

A veces, las vallas sugieren que el niño puede haber tenido una experiencia negativa con la autoridad (por ejemplo, por haber sido maltratado) y sentir que los límites y las normas son para dañar, frustrar, impedir, controlar... y no una forma de proteger y dar seguridad. Este es el caso de un niño, Álvaro, de ocho años, que hizo una caja con muchas vallas que contenían animales salvajes (figura 17); pero éstos podían saltarse estos límites y dañar a los animales más débiles e indefensos que vivían en las cercas de al lado. En una presentación (con el debido anonimato) de esta caja en un curso que sobre esta técnica organizó el Centro de Psicoterapia Umayquipa de Madrid, dirigido por la psicóloga y psicoterapeuta Loretta Cornejo, ésta apuntó acertadamente que Álvaro necesitaría unas vallas forradas de algodón para sentir interiormente que los límites pueden ser cálidos y proteger y dar seguridad. Una aportación excelente que nos da una nueva idea: tener este tipo de vallas, tan originales, en nuestra estantería o vitrina de ítems y miniaturas.

Figura 17. Animales salvajes y domésticos conviven en este mundo vallado creado por Álvaro, niño de 8 años. Pero los primeros pueden saltarse fácilmente las vallas y dañar a los segundos, más débiles e indefensos.

Mundo desorganizado. Este tipo de mundos ya los hemos visto cuando hemos hablado de los niños más desorganizados que tienden a crear cajas donde no existe un orden. Predomina el caos o la yuxtaposición incoherente de ítems. O el niño comienza con un mundo ordenado, estructurado y lo va convirtiendo, conforme juega, en un caos, un desorden... ¿Con qué conectó interiormente este niño?

Mundo agresivo. Es más frecuente entre varones que entre niñas, pero éstas, a veces, también los suelen construir. Es importante observar cómo es esa agresividad. ¿Tiene algún sentido? O es una agresividad sin objeto, que tiende a la violencia porque sí, a hacer daño, a la crueldad, al sadismo ¿No hay elementos afectivos o de ternura en la caja? ¿Todo es hostil, duro, trágico, agresivo o dramático? ¿Cómo es el final de la historia, si la hay? ¿Cesa en algún momento la agresividad ante la presencia de algún símbolo de autoridad? Si el niño juega, por ejemplo, a guerras entre dos bandos (buenos y malos, algo bastante frecuente), ¿entra en *acting* golpeando los muñecos y sintiendo esa agresividad en el momento que está jugando sin tener regulación y control? Todo esto, desde luego, nos proporciona una información valiosa sobre el estado emocional o problemas que el niño puede presentar (figura 18).

Figura 18. Mundo creado por Marta niña de 11 años con trastorno de conducta y apego evitativo. Dos bandos van a entrar en combate, disputándose un tesoro. El cartel que colocó en el medio es muy elocuente...

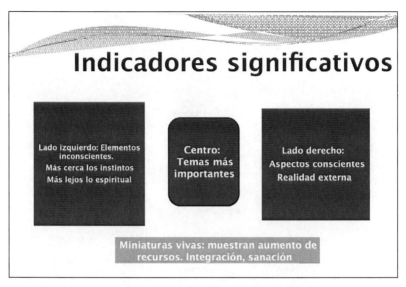

Este gráfico explica (en el espacio de la caja de arena) cuáles son los indicadores significativos a los que prestar atención (Martínez, 2006).

La caja de arena es un proceso holístico que integra muchos opuestos. Los mundos en la arena expresan ambos: estrés y afrontamiento; dificultades y fortalezas; destrucción y reconstrucción; sentimientos de liberación y recursos internos de activación. Usando ambas manos simultáneamente implicamos a los dos hemisferios del cerebro, incrementando las habilidades visuales y la imaginación (Hunter, 1998).

Cuando al niño se le proporciona arena, miniaturas y un apoyo silencioso, la resolución tiene lugar en un nivel simbólico inconsciente (Hunter, 1998).

Con todo, insistimos en que el paciente es el experto en su caja. Por ello, lo que ellos digan y hagan sobre la bandeja que han construido es lo que vale. Y por supuesto, hay que respetar su proceso y acompañarlo.

Para terminar, también quiero enfatizar que los procedimientos que hemos descrito nos parecen adecuados como guía o pasos a seguir. Ahora bien, es necesario huir de toda rigidez en la aplicación de lo expuesto. Habrá pacientes que por sus particularidades requerirán de una adaptación de estos a sus necesidades.

4

El procedimiento de la caja de arena en el tratamiento psicoterapéutico

En este apartado me propongo ubicar la técnica de la caja de arena dentro de un tratamiento psicoterapéutico, exponiendo si puede utilizarse inicialmente como una herramienta más que contribuya a la evaluación del niño que acude derivado a psicoterapia. Asimismo, abordaremos la cuestión referida al papel que cumple la técnica de la caja según la metodología de la psicoterapia sea directiva, semi-directiva o no-directiva. Y, finalmente, ofreceremos novedosas posibilidades terapéuticas al combinar la técnica de la caja con el abordaje terapéutico EMDR.

4.1. La caja de arena dentro de la evaluación psicológica

Cuando un niño o un adulto son derivados a tratamiento psicoterapéutico, la primera de las fases suele ser la evaluación psicológica. Por ésta podemos entender una valoración que comprende un diagnóstico (en el sentido de conocer al paciente) en el que se determine su estado de salud mental, sus rasgos de personalidad, sus recursos de afrontamiento, sus fortalezas intrapsíquicas y el funcionamiento en el medio ambiente y en las redes sociales de las que dispone con el fin de determinar su grado de adaptación y su nivel global de bienestar.

Para realizar la evaluación psicológica, el psicólogo echa mano de instrumentos diversos: entrevistas (libres, estructuradas, semi-estructuradas), entrevistas clínicas, test psicológicos, cuestionarios, registros y auto-registros, inventarios o escalas y otro tipo de técnicas como el dibujo, el juego...

El psicólogo analiza cuantitativa y cualitativamente todos los resultados y los relaciona entre sí para elaborar hipótesis diagnósticas que puedan explicar qué le sucede al paciente y con qué factores está relacionado. Posteriormente, paciente y psicólogo acuerdan unos objetivos o metas terapéuticas (consiguiendo una alianza de trabajo) para ayudarle a este último a lograr un mayor bienestar bio-psico-socio-ambiental, que es en definitiva lo que toda persona requiere cuando solicita un servicio profesional de índole psicológica. Establecer un buen rapport entre psicólogo y paciente es fundamental, si no, lo demás, no funciona.

La evaluación psicológica se cuida muy mucho de establecer juicios de valor y de etiquetar al paciente. Es una forma de conocimiento para poder determinar las necesidades que el paciente precisa, es explicativa y descriptiva, y éste debe tener claro que el terapeuta le acepta incondicionalmente. Conviene aclarar con aquél que una evaluación no es un juicio sino un camino para conocer sus fortalezas y debilidades con el fin de ayudarle. Si el psicólogo no crea un clima de confianza y aceptación con el paciente, la relación terapéutica se resentirá (tanto en la fase de evaluación como en la de la intervención) y éste no se sentirá con la seguridad suficiente para expresarse con libertad, ni se sentirá comprendido.

Antes de hacer una evaluación que comprenda entrevistas clínicas y test, conviene (en mi opinión) recibir al paciente, hacer una escucha activa, mostrar empatía y crear un clima positivo y una buena relación terapéutica. Explicarle lo que vamos a hacer y por qué. De este modo, su actitud y motivación ante las entrevistas clínicas y otros instrumentos de recogida de información será positiva y de colaboración. Una relación terapéutica positiva durante toda la terapia supone el tanto por ciento más elevado del éxito terapéutico.

Hecha esta introducción que nos sitúa en qué es la evaluación psicológica (tal y como yo la entiendo y la aplico, al menos), cabe preguntarse si una caja de arena puede incluirse como un instrumento más de recogida de información.

Cada terapeuta tendrá una visión sobre este particular. A mi modo de ver, la respuesta es sí. Puede incluirse una caja de arena para que observemos cuál es el punto de partida del cliente y cómo se representa consciente e inconscientemente sus emociones y conflictos, así como cuáles son sus fortalezas psíquicas. Pero –como ya venimos exponiendo– no podemos hacer una evaluación exhaustiva inicial porque las cajas no se co-exploran a fondo durante la fase de elaboración de las mismas. Sí podemos hacer una primera exploración con el paciente de la escena creada y de la metáfora contenida y así ver cuál es el punto de partida..

En efecto, el niño o adulto pueden hacer una primera caja de arena que al terapeuta le permita evaluar cuál es el estado desde el que inician el proceso. Después, durante la psicoterapia, el paciente puede combinar la técnica de la caja de arena con otras técnicas. Todas éstas se aplican de acuerdo con unas metas terapéuticas que previamente se habrán hablado con el paciente. Hasta que no termine el proceso con todas las cajas que el niño o el adulto hagan, no soy partidario de relacionar lo que en éstas va exteriorizándose –y cómo va evolucionando– con otras técnicas o contenidos que se van depositando y tratando a lo largo de la psicoterapia.

La bandeja de arena es una técnica que se inserta en el proceso psicoterapéutico. Hemos de dejar que haga efecto, enfatizando la experiencia y la relación con un terapeuta facilitador (empático y receptivo). En fases posteriores de la psicoterapia –y una vez que el trabajo con las cajas ha terminado– entonces sí puede ser adecuado, si procede, vincularlo con otros aspectos, contenidos y técnicas abordadas y con la evolución del paciente a lo largo de la psicoterapia.

4.2. La caja de arena y la metodología directiva, no directiva y semi-directiva

En el tratamiento psicoterapéutico, tradicionalmente hay tres enfoques metodológicos a la hora de establecer el camino, el modo, la manera (el *cómo*, no el *qué*) en la que vamos a trabajar con el paciente.

La **metodología directiva** propone que el terapeuta dirige la sesión y establece lo que el paciente ha de hacer, cómo lo ha de hacer y cuándo lo ha de hacer.

Construyendo puentes josé luis gonzalo marrodán

No tiene por qué ser necesariamente una propuesta rígida y cerrada porque el paciente puede proponer lo que quiere tratar y abordar en la psicoterapia. Pero en este enfoque el psicólogo-psicoterapeuta es más un técnico que realiza un diagnóstico, establece un buen *rapport* con el paciente, marca unos objetivos y trata de conseguir éstos mediante unas técnicas. La motivación y la colaboración del paciente son fundamentales y el psicólogo-psicoterapeuta intenta fomentarla durante todo el proceso así como que aquél se adhiera al tratamiento. Las habilidades de relación para tratar al paciente son importantes pero la relación terapéutica no es el centro porque la terapia no está centrada en el cliente. El psicoterapeuta lleva la manija y establece el protocolo de sesiones, aunque lo acuerde con el cliente y no lo imponga. Directivo no quiere decir dictatorial sino dirigido y conducido preponderantemente por el profesional.

La caja de arena desde esta óptica se entroncaría con el *sandtray* y no con el *sandplay*. Sería una técnica dentro de la psicoterapia de juego pero desde un enfoque directivo del juego.

Aquí conviene hacer una aclaración terminológica sobre qué es terapia de juego y qué es el juego terapéutico enfocado y dirigido West (2000). Refiere que *"la terapia de juego es más semejante a la psicoterapia, lo cual transmite algo un poco diferente de los valores implícitos más activos y enfocados en el trabajo directivo. Por lo tanto, cuando se habla de terapia de juego, implica una aproximación holística al utilizarlo como un medio para 'ayudar', de una manera no agresiva, a los aspectos físicos, espirituales, emocionales y cognoscitivos, tanto conscientes como inconscientes; tomando en cuenta pasado, presente y futuro del niño 'completo'".*

"En el juego terapéutico el terapeuta introduce ejercicios y materiales específicos diseñados para obtener información o enfocarse en temas específicos" (West, 2000).

Por lo tanto, en este sentido, la caja de arena, dentro de la metodología directiva, se insertaría dentro del juego terapéutico (algo así como un *sandtray* enfocado). Al niño o al adulto se le pueden dar propuestas (consignas) acordadas con ellos y éstos, en vez de representar verbalmente, lo harían a través de la caja de arena. El niño o el adulto pueden representar su historia, un sentimiento, un conflicto, una situación problemática... La caja también debe hacerse en silencio mientras los pacientes la construyen. Y posteriormente, se contempla lo construido y se comenta y fotografía. Los pasos en la elaboración de la caja no son diferentes, y el silencio sigue siendo un elemento clave para que el paciente conecte con lo que la consigna le sugiere y a partir de aquí representarlo con las miniaturas en el espacio de la bandeja de arena.

Desde el enfoque cognitivo-conductual puede ser un instrumento auxiliar que se utilice para aplicar con los niños determinadas técnicas. En vez de apoyarse en la imaginación o en los dibujos, en la caja de arena, por ejemplo, la miniatura concreta que el niño haya elegido se enfrenta a sus miedos mientras ensaya autoinstrucciones de afrontamiento o se dramatiza una reestructuración cognitiva o cualquier otra técnica cognitivo-conductual que requiera, primero, practicar jugando antes de ensayar en vivo.

Desde la psicoterapia sistémica puede utilizarse la caja de arena del mismo modo que se usa la escultura. Por ejemplo, para representar situaciones familiares, el niño o el adulto eligen miniaturas que simbolizan al padre, a la madre, al abuelo, etc. y desde ahí evaluar e intervenir terapéuticamente.

Desde la psicoterapia gestalt el niño o el adulto pueden representar emociones, conflictos, problemas diversos... Y el terapeuta se centra en los elementos no conscientes y en los procesos, en el cómo lo vive el paciente en el *aquí y en el ahora* de la relación terapéutica, utilizando la caja y sus componentes de manera proyectiva.

La metodología no directiva propone que es el cliente el centro de la intervención psicoterapéutica. Lo que el niño o el adulto "trae" es sobre lo que se trabaja. La psicoterapia humanista (escuela prototipo de metodología no-directiva) postula que el paciente tiene interiormente los recursos para sanar emocionalmente siempre que se encuentre con un psicoterapeuta que se constituya en un facilitador. Si se establece una alianza de trabajo dentro de un clima terapéutico cálido, cordial, auténtico y empático, el propio cliente crecerá interiormente y establecerá la dirección del cambio (Rogers, 1951).

"La metodología no directiva en el trabajo con los niños se desarrolla fundamentalmente a partir del trabajo de Carl Rogers por Virginia Axline. La terapia

de juego proviene de la escuela humanista y, en esencia, está centrada en el niño (no directiva es un término anterior, menos certero, que en ocasiones se utiliza), que implica que el niño, en cierto sentido, actúa como terapeuta. Jugar en presencia de un adulto dispuesto y permisivo puede ser curativo. El terapeuta de juego refleja las acciones y sentimientos del niño mediante su participación en el juego si se le pide. En las primeras etapas el terapeuta no estructura las sesiones pero, al haber intentado ayudar al niño a sentirse seguro y a comprender las normas del cuarto de juego, espera para ver qué es lo que surge. La agenda de la sesión depende del niño y el terapeuta de juego asume la responsabilidad de prevenir el peligro, daño o conductas inapropiadas" (West, 2000).

En consecuencia, la caja de arena dentro de este enfoque se concibe como una herramienta más de la psicoterapia de juego. El niño y el terapeuta jugarían en la misma y el procedimiento sería similar al que hemos descrito en el apartado *"Pasos en la conducción de una sesión con el cajón de arena"*. De hecho, cuando nos hemos referido al papel del terapeuta en el trabajo con el niño o el adulto en la caja de arena, podemos advertir que en el proceso y en el rol del terapeuta hay claramente elementos que son de la psicoterapia humanista.

Como dice Axline (1969), *"la terapia de juego se basa en el hecho de que el juego es el medio natural de autoexpresión del niño. Es una oportunidad que se le brinda para 'jugar' sus sentimientos y problemas, como en ciertos tipos de terapia para adultos un individuo 'habla' sus dificultades".*

La **metodología semi-directiva** es una combinación de ambas aproximaciones. En las sesiones de psicoterapia hay un tiempo para lo que el paciente propone y otro momento para lo que el terapeuta ha diseñado según los objetivos acordados con aquél. Esta aproximación se negocia con el niño o el adulto y normalmente (si el marco y el encuadre se establecen con claridad) suele ser bien aceptada por éstos.

Tal y como sostiene West (2000) (con la que estoy de acuerdo después de mi experiencia de trabajo con niños y adolescentes que se encuentran en intervención familiar, acogimiento residencial o acogimiento familiar), los niños severamente maltratados o traumatizados necesitan esta combinación de aproximaciones. Pueden existir niños que respondan de una manera adecuada a la no directividad y otros a la directividad, pero, en general, los niños con trauma necesitan de un adulto que establezca (sin rigidez) un marco terapéutico definido y estructurado (donde las normas básicas estén explicitadas) pues precisan la seguridad de un terapeuta cálido pero firme. **Se pasa de la aceptación incondicional a la aceptación fundamental** (Barudy y Dantagnan, 2005): se acepta siempre a la persona del niño pero no se toleran conductas que dañen los materiales o a las personas.

El terapeuta está abierto a lo que el niño plantea para trabajar sus problemas (jugar, hablar, dibujar...) pero también se aclara que aquél propone al niño (con tacto y con cuidado, sabiendo y empatizando con el niño lo difícil que resulta pero animándole y regulándole emocionalmente) técnicas y ejercicios, especialmente diseñados, que necesita para sanar de sus heridas emocionales. **Terapeuta y niño, tras una fase de conocimiento mutuo, negocian unas metas a tratar de conseguir con la alianza de ambos y mediante un proceso de sólida construcción de un vínculo terapéutico.** Las metas permiten no perderse y marcan un camino (pueden redefinirse en cualquier momento) a seguir en el proceso de sanación emocional. Los padres o responsables del menor participan en el proceso, por separado con el terapeuta y también con el niño o adolescente, siempre y cuando sean unas personas capaces de ser referentes que satisfagan sus necesidades y se hagan cargo de su cuidado de manera responsable.

La caja de arena se utiliza dentro de este enfoque de manera no directiva (como hemos desarrollado en el apartado *"Pasos en la conducción de una sesión"*), dejando al niño o al adulto que haga su proceso. Aunque también, –en un momento determinado y de acuerdo con las metas terapéuticas– pueden proponerse trabajos específicos con la misma –más directivos– tales como representar sentimientos, escenas o contar su historia. Contar la historia traumática de una persona de manera no verbal y siempre refiriéndonos al *tercer elemento* (a través de los personajes) es un medio seguro para hacerlo y con el que, personalmente (si el paciente confía en el terapeuta, está en una etapa tranquila emocionalmente y el profesional puede actuar con el niño o el adulto como un regulador), he obtenido buenos resultados ayudando a las personas a integrar el trauma en sus vidas y a reconstruir sus historias desarrollando una nueva narrativa y visión de sí mismos.

4.3. La técnica de la caja de arena y EMDR

Tal y como nos explican en la página web de la **Asociación EMDR España (http://www.emdr-es.org/)** "**EMDR** (siglas que en inglés significan Eye Movement Desensitization and Reprocessing – Desensibilización y Reprocesamiento por los Movimientos Oculares) *es un abordaje psicoterapéutico en el tratamiento de las dificultades emocionales causadas por experiencias difíciles en la vida del sujeto, desde fobias, ataques de pánico, muerte traumática y duelos o incidentes traumáticos en la infancia hasta accidentes y desastres naturales. También se usa EMDR para aliviar la angustia y/o la fobia de hablar en público, para mejorar el rendimiento en el trabajo, en los deportes y en las interpretaciones artísticas.*

EMDR como método combina elementos teórico-clínicos de orientaciones tales como el psicoanálisis, cognitivo-conductual y otras. Para muchos pacientes EMDR resulta de mayor ayuda para sus problemas que otras terapias convencionales. En 1987, Francine Shapiro, psicóloga norteamericana, descubrió que los movimientos oculares voluntarios reducían la intensidad de la angustia de los pensamientos negativos. Inició una investigación (Shapiro, 1989) con sujetos traumatizados en la guerra de Vietnam y víctimas de abuso sexual para medir la eficacia del EMDR. EMDR reducía de manera significativa los síntomas del Trastorno por Estrés Post Traumático en estos sujetos.

En el proceso con EMDR, el terapeuta trabaja con el paciente para identificar un problema específico que será el foco del tratamiento. El paciente describe el incidente traumático, a partir del cual es ayudado por el terapeuta para que seleccione los aspectos más importantes y que más lo angustian de dicho incidente. Mientras el paciente hace movimientos oculares (o cualquier otra estimulación bilateral) le vienen a la mente otras partes del recuerdo traumático u otros recuerdos. El terapeuta interrumpe los movimientos oculares cada tanto para asegurarse que el paciente esté procesando adecuadamente.

La estimulación bilateral puede ser: a) visual (el paciente mueve los ojos de un lado al otro guiado por el terapeuta); b) auditiva (el paciente escucha sonidos alternados en ambos oídos) c) kinestésica (el terapeuta golpetea suavemente y en forma alternada sobre las manos o los hombros del paciente). Esto facilita la conexión entre los dos hemisferios cerebrales logrando el procesamiento de la información y la disminución de la carga emocional.

*El terapeuta guía el proceso, tomando decisiones clínicas sobre la dirección que debe seguir la intervención. La meta es que el paciente procese la información sobre el incidente traumático, llevándolo a una «resolución adaptativa». En las palabras de **Francine Shapiro**, esto significa: a) una reducción de los síntomas; b) un cambio en las creencias y c) la posibilidad de funcionar mejor en la vida cotidiana.*

*El abordaje empleado en **EMDR** se sustenta en tres puntos: 1) experiencias de vida temprana; 2) experiencias estresantes del presente y 3) pensamientos y comportamientos deseados para el futuro.*

*El tratamiento con **EMDR** puede ser desde 3 sesiones para un trauma simple hasta más de un año para problemas complejos".*

He comenzado hace poco mi formación en EMDR a través de los distintos niveles que esta Asociación organiza por todo el Estado. Estoy supervisando mi trabajo antes de pasar al segundo nivel. Me he interesado por la aplicación de este abordaje terapéutico con los niños y adultos, y sigo practicando y estudiando, bajo supervisión, para completar mi formación.

En este apartado nos ceñiremos al EMDR en su uso con los niños y no con los adultos. La aplicación concreta en esta franja de edad tiene unas especificidades propias. Conviene dejar claro que antes de aplicar la técnica hay que hacer una conceptualización del caso de acuerdo al protocolo de evaluación e intervención con EMDR. Lo que aquí expongo son sólo algunos ejemplos de aplicaciones de la terapia EMDR en combinación con la caja de arena; pero se han llevado a cabo después de conceptualizar cada caso de acuerdo al protocolo EMDR adaptado a los niños. No se puede tratar al niño sin antes hacer la referida conceptualización. Los ejemplos son meramente ilustrativos.

Construyendo puentes josé luis gonzalo marrodán

Mi supervisora de casos, Cristina Cortés, del Centro de Psicología Vitaliza de Pamplona, experimentada psicóloga y consultora, clínica y facilitadora EMDR, es la persona con la que estoy aprendiendo a aplicar la técnica con los niños. Le hablé a Cristina de que trabajaba con éstos con la técnica de la caja de arena y fue ella quien me indicó que ambas técnicas o abordajes psicoterapéuticos podían combinarse y aumentar su eficacia de la siguiente manera:

- Una de las primeras tareas en EMDR antes de procesar los recuerdos traumáticos es dotar, previamente, al paciente de recursos psicológicos, a sabiendas de que los niños y las personas traumatizadas sufren de desregulación psicofisiológica y se pueden desestabilizar emocionalmente si se abordan los contenidos traumáticos sin antes contar con recursos regulatorios. **Los niños pueden imaginar un lugar de seguridad** (los brazos de su madre, su habitación, un paisaje...) **y lo pueden dibujar o representar en el cajón de arena. Entonces, el terapeuta EMDR aplica la estimulación bilateral (lenta) en las manos o en los hombros del niño mientras éste visiona la caja con el lugar de seguridad pidiéndole que identifique, en su cuerpo, dónde siente las sensaciones positivas que este lugar le genera**. Esta imagen puede ser luego utilizada por el niño para autogenerarse tranquilidad en cualquier situación de la vida cotidiana, y también para recurrir a ella, como lugar seguro al que ir, cuando esté procesando los contenidos traumáticos y su malestar sea muy alto. Se detiene el procesamiento y se le indica al niño que acuda a su lugar seguro mental para calmarse, si lo pide o lo necesita. Este lugar seguro suele instalarse mentalmente en presencia de los padres (y con su colaboración) o de uno de los dos (o de un cuidador significativo), siempre y cuando sean figuras de apego capaces de regular y dar seguridad de base al niño. El lugar seguro dibujado está presente encima de la mesa en todas las sesiones de terapia que se tengan con el niño. Los niños con trauma de apego pueden tener muchas dificultades para encontrar un lugar interno en el que sentirse seguros (no hay en el interior lugares con calma; mirar dentro, asusta). Por ello, quizá hemos de tratar de ayudar a estos niños a encontrar lugares en los que *estar* seguros.

- La caja de arena puede ser un instrumento auxiliar excelente para instalar otro tipo de recursos psicológicos previos y necesarios al trabajo de los contenidos traumáticos con los niños: por ejemplo, representar lo que se denominan "actos de triunfo" (Ogden, 2011) como pueden ser el valor, el orgullo, la fuerza… mediante superhéroes u otro tipo de miniaturas. Este tipo de ítems representan muy bien para el niño estos recursos. Entonces, pidiéndole al niño que identifique dónde siente las sensaciones agradables asociadas al valor o a la fuerza, se le aplican los distintos sets de estimulación bilateral (mediante golpeteo lento, suave y rítmico y de manera alterna en los hombros, por ejemplo) que amplifican estas sensaciones. Los actos de triunfo son muy importantes en el trabajo con niños traumatizados por los malos tratos, pues se constituyen en poderosos recursos que les ayudan a enfrentar el trabajo posterior con el trauma. Los niños necesitan reunir mucho valor para trabajar determinados contenidos como pueden ser los recuerdos de palizas, abandonos o abusos sexuales.

- Los niños que necesitan hacer un trabajo de reconstrucción de su historia traumática de vida para trabajar las emociones y facilitar la liberación de las mismas así como para reforzar los elementos resilientes de su historia (el valor, el coraje, la heroicidad, el haber sobrevivido a pesar de todo…) e integrarlo todo, pueden realizar un cajón de arena (con el apoyo auxiliar del terapeuta, si lo necesitan). Previamente, el padre, madre o cuidador del niño ha escrito lo que sabe de la historia de su hijo, incluyendo los sucesos traumáticos y las emociones que ha podido sentir así como la capacidad de ese niño para enfrentar y luchar contra el dolor y las circunstancias adversas. **Una vez que se han instalado los recursos previos (lugar de seguridad), el terapeuta, mientras el padre, madre o cuidador leen la historia y el niño está haciendo la caja de arena, aplica los sets de estimulación bilateral que favorece el procesamiento adaptativo de toda esa información y la reducción del malestar emocional.** Este trabajo es muy beneficioso para niños o adolescentes adoptados o acogidos que presentan historias con sucesos de vida muy duros como malos tratos, pérdidas, abandono, negligencia… pues ayuda a integrar los recuerdos traumáticos. Evidentemente, antes hemos de psicoeducar al niño y explicarle –de manera sencilla y adaptada a su nivel de comprensión– en qué le va a ayudar este trabajo.

- **La caja de arena también sirve, como herramienta poderosa en combinación con EMDR, para que el niño represente situaciones problemáticas del presente en las que siente ira y/o agresividad, tristeza, miedo... pero que, en realidad, son disparadores de potentes emociones que están asociadas a recuerdos del pasado.** Esto es, para trabajar el trauma, que no es otra cosa que una irrupción del pasado en el presente; los recuerdos del pasado se inmiscuyen en el presente porque no están integrados y el paciente actúa como si estuviera en la situación de peligro o amenaza que vivió tiempo atrás.

Por ejemplo, Martin, de 11 años, es un niño traumatizado por la violencia que sufrió en el último orfanato en el que estuvo, entre los 5 y los 8 años, antes de ser adoptado por sus padres. Un educador del centro solía propinarle palizas con una zapatilla. Martín presentaba problemas de hiperactividad, reacciones agresivas descontroladas que sugerían disociación y una oposición, en ocasiones, frontal a aceptar la autoridad del padre. Un día tuvo un enfrentamiento con éste a cuenta de los deberes, pues se negó a hacerlos. Su padre insistió y Martín reaccionó empujándole con agresividad. Preguntado en la terapia por lo que sintió cuando su padre le pidió hacer los deberes, dijo que mucha rabia (la autoridad estaba inconscientemente asociada a la probabilidad de ser dañado en este niño). **Le pedí que lo representara en la caja de arena y colocó un tigre y un león que se enfrentan (figura 19). Le dije que se fijara dónde sentía la rabia en el cuerpo al ver esa caja de arena y me dijo que en el pecho y en los brazos. En ese momento, le apliqué la estimulación bilateral dándole suaves golpes, alternativamente, en los hombros hasta que la sensación de la rabia desapareció y se tornó en calma y tranquilidad.** Martín se relajó rápido porque con anterioridad habíamos instalado recursos psicológicos con EMDR y estimo que los usaba, pues era un niño que colaboraba bien y con conciencia de lo que le pasaba. Finalmente, le solicité que hiciera una nueva caja y... ¡puso a un tigre y un tigrecito juntos, padre e hijo, que se quieren!; el padre le quiere mucho y aunque se enfaden jamás dejará de hacerlo.

Figura 19. Tigre y León a punto de pelearse, metáfora de cómo siente Martín, niño de 11 años, la rabia cuando su padre le pidió hacer los deberes. Mientras el niño visualiza esta caja y tras detectar donde siente en su cuerpo la ira, se le aplican los sets de estimulación bilateral mediante el golpeteo suave, rítmico y alterno de los hombros. Esta es una de las maneras de combinar la técnica de la caja de arena con el abordaje EMDR.

Con todo, la sensibilidad empática del terapeuta y su receptividad hacia el niño durante todo el proceso de trabajo –tanto con la técnica de la caja de arena como con EMDR– son los aspectos más importantes. Sobre todo con los niños que han vivido traumatización crónica, a quienes les lleva mucho tiempo conseguir la estabilización psicológica. Necesitan, sobre todo, *sentirse sentidos* (Siegel, 2007) pues nadie estuvo allí para ofrecerles cuidados, contención adecuada y empatía (ponerse en su piel y sentirles).

En consecuencia, es necesario integrar estos abordajes terapéuticos (EMDR y caja de arena) dentro de una psicoterapia basada en el apego en la que el vínculo terapéutico es la base de toda la terapia; y lo fundamental en todo el proceso es sentir al niño y saber sintonizar emocionalmente con él.

La caja de arena y EMDR combinados consiguen beneficios muy positivos en el trabajo con los niños traumatizados. Lo que he desarrollado en este apartado no es más que un breve apunte. **Es necesario formarse tanto con la caja de arena como con EMDR y trabajar hasta coger experiencia, bajo supervisión de un terapeuta experto.** Por mi parte, estoy dando los primeros pasos y obteniendo buenos resultados incorporando EMDR en el trabajo con los niños y adultos. Martin, en concreto, ha conseguido disminuir sus episodios de agresividad descontrolada y estabilizarse emocionalmente gracias a este abordaje combinado con la caja de arena. Pero con los niños severamente traumatizados como él, el trabajo es largo y lleva mucho tiempo estabilizarles emocionalmente. Requieren de una psicoterapia integral en la que la teoría del apego nos ofrece el marco apropiado para comprenderles y establecer una buena relación con ellos. Del mismo modo, los conocimientos sobre trauma son necesarios. Y después, una psicoterapia que combine diferentes técnicas y abordajes psicoterapéuticos donde EMDR y la técnica del cajón de arena tienen mucho que aportar.

EMDR tanto con niños como adultos es mucho más de lo que hemos expuesto aquí. En un libro dedicado a la técnica de la caja de arena, no podía faltar un epígrafe dedicado a la combinación caja-EMDR, sobre todo para despertar el interés, la formación de profesionales y la profundización en ambos abordajes. Los psicólogos y psiquiatras interesados en formarse en EMDR deben hacerlo en la **Asociación EMDR España** (http://www.emdr-es.org/) pues garantiza unos elevados estándares de calidad y es la formación oficialmente reconocida.

En el excelente libro de Joan Lovett (2000) titulado: *La curación del trauma infantil mediante EMDR* (el cual me vino recomendado por mi supervisora de casos, Cristina Cortés, dentro de la formación en EMDR que actualmente estoy haciendo) se explica con detalle cómo aplicar este procedimiento terapéutico con los niños. Lo que aquí hemos expuesto sobre la combinación caja de arena-EMDR se ha basado en este libro.

Figura 20. El niño también puede dibujar su lugar de seguridad, tal y como vemos que ha hecho Mónica, una niña de 10 años, en este dibujo. Para ella, la cercanía de su madre es lo que más segura le hace sentir. Le pedí que me dijera dónde sentía esa seguridad en el cuerpo y me respondió que en el pecho. Le mandé concentrarse en esa zona y le apliqué la estimulación bilateral (golpeteo lento, suave y alterno en los hombros) mientras miraba este dibujo. Es importante que el niño conecte con el sentir. La estimulación bilateral favorece la instalación de recursos psicológicos como puede ser éste del lugar seguro. El tiempo que hay que estar estimulando bilateralmente es diferente para cada niño. Éste suele decirnos cuándo no necesita más. El terapeuta puede estar también atento al sentir corporal del niño para intuir cuando puede terminar la estimulación.

5

Cómo las personas pueden elaborar los traumas mediante la técnica de la caja de arena (historias de resiliencia)

En este apartado vamos a contar y exponer las cajas de arena, historias de resiliencia (la resiliencia es la capacidad no sólo de mantenerse lo suficientemente equilibrado psicológicamente sino la de transformarse a partir de la adversidad) que los niños y adultos han construido dentro de su proceso terapéutico.

En primer lugar, ofrecemos dos historias de vida que son dos procesos completos hechos por dos niños (un niño y una niña) durante nueve meses de psicoterapia. Desde su caja de arena inicial hasta la última que realizaron. La caja de arena no fue la única técnica que utilicé con ellos, sino que fui combinando este abordaje terapéutico con otras técnicas; pero su proceso fue similar a como lo he descrito en el epígrafe *"Pasos en la conducción de una sesión con la caja de arena"*. Fueron construyendo sus cajas, a razón de una mensual, aproximadamente. Al terminar, completamos el trabajo sobre su historia de vida con otras técnicas y pusimos éstas en relación con lo que en las cajas representaron.

He elegido estas dos historias de vida porque –a mi modo de ver– los niños que más se benefician de este abordaje terapéutico son aquéllos que han padecido trauma complejo y trastornos del apego. En este sentido, los niños adoptados y acogidos son una población que suele presentar este tipo de problemas, aunque, evidentemente, no todos los niños adoptados/ acogidos los tienen.

Seguidamente, presentamos cajas de arena de adolescentes y adultos organizadas por algunos (no todos) de los temas que suelen salir en las cajas.

5.1. Cajas de arena de niños

5.1.1. Historia y cajas de arena hechas por Lucas

Lucas acude a psicoterapia con once años, derivado por sus padres. Adoptado a la edad de ocho, fue institucionalizado por sus padres biológicos en un centro de acogida dependiente de la administración pública de su país de origen, situado en Sudamérica. El centro en el que vivió durante ocho años era de baja calidad, recibiendo escasa alimentación y sufriendo carencias afectivas y malos tratos físicos y emocionales.

El niño presentaba un trastorno del vínculo desorganizado con tendencia a la inhibición. Las carencias sufridas, además, incidieron en un retraso en el desarrollo con especial afectación al lenguaje (limitaciones con la comprensión y expresión verbales) del que recupera lentamente. También presentaba un trastorno por déficit de atención con hiperactividad con especial incidencia en las funciones ejecutivas (autoregulación emocional, planificación conductual y control de impulsos).

Este chico necesitaba entre otras intervenciones psicoterapéuticas, psiquiátricas y educativas, poder desarrollar una visión completa de su historia de vida que favoreciera un sentido más integrado y coherente del self (sí mismo). Además, precisaba vivir una experiencia psicoterapéutica en la que pudiera *sentirse sentido*.

Lucas presentaba un miedo intenso a abordar de manera verbal su historia porque ésta estaba cargada de representaciones internas de dolor, soledad, angustia, rabia... La caja de arena, en cambio, le atrapó desde el principio y se mostró muy interesado en trabajar con ella. Todas las limitaciones que presentaba a nivel verbal las compensaba con creces a nivel-no verbal, pues era capaz de narrar historias y cuentos sencillos –pero bien estructurados– en el escenario de la caja.

El proceso de hacer las cajas –como ya hemos insistido varias veces a lo largo del libro– fue más importante que lo que hizo. Esto es así con todas las cajas de arena de los pacientes. El acompañamiento del terapeuta que validaba las cajas de Lucas, le aceptaba incondicionalmente, reflejaba sus emociones... le ayudó más que lo que contaba en sí mismo.

Haciendo las cajas de arena podía concentrarse y conectar con su interior, implicándose en todo el proceso creativo y de vinculación con el terapeuta. Esperaba y deseaba con agrado la fase de la postcreación en la cual, con la ayuda del terapeuta, podía añadir palabras a sus mundos. Después de terminar la fase de trabajo con las cajas (dijo que ya no tenía más que hacer o contar; hay un momento en el que los niños expresan ellos mismos que hacer las cajas ya está de más, al menos durante una temporada; luego pueden pedir volver a hacer otro proceso), se mostró preparado y dispuesto para completar la tarea de adquirir un sentido coherente de su sí mismo con otras técnicas de psicoterapia.

Presentamos, a continuación, las nueve cajas de arena que hizo con un breve comentario que elaboré a partir de la co-exploración conjunta que hicimos de sus bandejas. Los contenidos son ambivalentes y opuestos (hay cosas buenas pero también malas). El abandono y la amenaza se muestran en toda su crudeza, aunque van apareciendo símbolos protectores. Finalmente, lanza un mensaje que ha interiorizado: *"Vivir para siempre"*, lo que Lucas ha conseguido con su trabajo de supervivencia después de mucha lucha y dolor, los cuales se ven proyectados en sus bandejas de arena.

1ª caja de Lucas (Figura 21)

Es una lucha de buenos y malos. Los buenos protegen con soldados, superhéroes, caballeros y cañones al rey y a la reina.

Quieren recuperar el puente mágico que está en poder de los malos: minotauro, fantasma, dragón, calavera, perro tres cabezas, otra calavera, un cañón.

Una bruja ayuda a los buenos ofreciendo una manzana envenenada al jefe de los malos.

Figura 21. © De las miniaturas presentes en la caja marca Playmobil: PLAYMOBIL/ Geobra Brandstätter GmbH & Co. KG.

2ª caja de Lucas (Figura 22)

Una señora vive en una granja rodeada de animales. Tiene un cactus al que quiere mucho. Es su mejor amigo. Los obreros tienen que cortarlo para hacer la obra. La señora no quiere que se lo quiten. Se sentirá muy triste. Al final no lo quitarán porque es muy fuerte el cactus y no lo podrán arrancar. Un señor mira todo sentado.

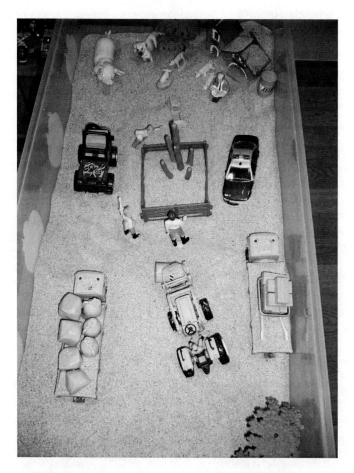

Figura 22. © De las miniaturas presentes en la caja marca Playmobil: PLAYMOBIL/ Geobra Brandstätter GmbH & Co. KG.

3ª caja de Lucas (Figura 23)

Un mundo dividido en dos, se puede ir de uno a otro mediante un puente, aunque hay compuertas. En el lado izquierdo, un cocodrilo, malo, ataca y mata a los del otro lado (si se descuidan). Pero hay también unas vallas que protegen a los animales domésticos.

Estos animales fueron abandonados por sus dueños (dejaron su casa en ruinas). Los dueños dejaron vallas para separarles del cocodrilo y algo de comida.

Uno de los animales (caballito) fue pisoteado por una estampida por los otros caballos cuando huían del cocodrilo.

También les defiende un hipopótamo hembra con sus hijos.

Figura 23. © De las miniaturas presentes en la caja marca Playmobil: PLAYMOBIL/ Geobra Brandstätter GmbH & Co. KG.

4ª caja de Lucas (Figura 24)

Dos grupos de animales se van a embestir. En el medio, una familia de indios: el padre, en una tienda; la madre, en otra. Están fuera, y cada uno mira para un lado. El hijo está en una tienda, la madre le ha dejado allí. Se siente solo. Los padres pararán a los animales echando mano del fuego.

Al lado de los padres, en el medio, hay una serpiente que pasa por un puente. Sólo puede pasar ella. **A la derecha, una barca abandonada**, en la cual hay una vasija donde los padres han olvidado la ropa.

Figura 24. © De las miniaturas presentes en la caja marca Playmobil: PLAYMOBIL/ Geobra Brandstätter GmbH & Co. KG.

5ª caja de Lucas (Figura 25)

Un poblado en una hondonada donde viven indios con sus familias es defendido por soldados medievales del ataque de los malos (dragón, garfio y un malo que dirige un perro de tres cabezas). Varios troncos separan ambos submundos. Una estatua (como si fuera la del Sagrado Corazón en La Concha) adorna al lado de los troncos.

Figura 25. © De las miniaturas presentes en la caja marca Playmobil: PLAYMOBIL/ Geobra Brandstätter GmbH & Co. KG.

6ª caja de Lucas (Figura 26)

Hace un poblado de indios –donde viven familias– Un jefe (bueno) vive en una tienda (en un lugar destacado). Lo decora mucho y este jefe tiene unos privilegios. El poblado está hecho con mucho detalle. Unas metralletas están encima de la tienda del jefe para proteger al poblado, aunque **no hay enemigos. La gente está en sus tiendas. La gente es feliz.**

Figura 26. © De las miniaturas presentes en la caja marca Playmobil: PLAYMOBIL/ Geobra Brandstätter GmbH & Co. KG.

7ª caja de Lucas (Figura 27)

Un poblado rico con un jefe que vive con pertenencias bonitas y con cañones que apuntan a otro lado, lo pobre (a la derecha) **donde hay una casa sola, abandonada**. La quieren atacar los del poblado rico.

Figura 27. © De las miniaturas presentes en la caja marca Playmobil: PLAYMOBIL/ Geobra Brandstätter GmbH & Co. KG.

8ª caja de Lucas

Mundo ordenado y estructurado. No hay símbolos agresivos. Un poblado con dos casas en el que viven los habitantes en las mismas. **Hay un fuego central que ilumina y da calor a los habitantes. Hay animales pequeños (crías) junto al fuego y en otras zonas del poblado (animales felices: conejitos, cerditos...). Cuidan de ellos los habitantes del poblado.** Hay una calle que recorre todo el pueblo (como un 8). En el medio es donde está el fuego. Lo hace todo con mucha minuciosidad y mimo.

Esta caja no quiso fotografiarla.

9ª caja de Lucas (Figura 28)

En una esquina hay un árbol al que se le pueden pedir deseos. En este mundo viven Blancanieves y los siete enanitos. Unos osos protegen a Blancanieves. Esta pide un deseo en la esquina del árbol acompañada de dos enanitos. El deseo es **"que el árbol pueda vivir siempre"**. Otros enanitos trabajan en la mina. **La bruja no aparece, no está en este mundo**.

El niño fue trabajando lo que su mundo interno contenía de una manera creativa y que no re-traumatizaba. Lo importante no es tanto ahondar en interpretar y analizar las cajas, pues a fin de cuentas usan un lenguaje rico y complejo, como los sueños. Lo que ayuda es vivirlo, hacerlo en compañía de un adulto terapeuta facilitador, y validarlo.

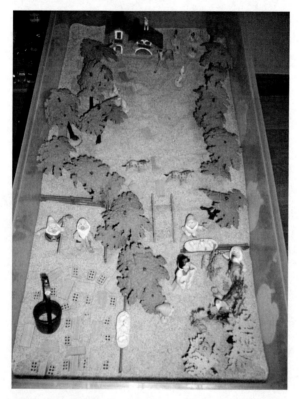

Figura 28. © De las miniaturas presentes en la caja marca Playmobil: PLAYMOBIL/ Geobra Brandstätter GmbH & Co. KG.

5.1.2. Historia y cajas de arena hechas por Andrea

Andrea nace en una localidad de la Europa del Éste. Hija de una madre adolescente, la administración pública de su país decide institucionalizarla al evaluar que la madre no puede hacerse cargo responsablemente.

Como muchos niños adoptados, estuvo en un primer centro de acogida, hasta los cuatro años. Posteriormente, y hasta los seis años, residió en otro (fue trasladada). El primer centro era una institución de cuidados de más calidad. Pero el segundo, en cambio, fue definido por su madre adoptiva como un lugar duro.

Andrea es adoptada, a los seis años, por su madre. Presenta un retraso en el desarrollo en todas las áreas (emocional, social, lenguaje, motricidad y adaptación). Además, parece no tener ningún recuerdo (memoria explícita) de su paso por los centros de acogida. Hay una amnesia traumática que hace que conscientemente no recuerde nada. Al mismo tiempo, si se le pregunta por los centros de acogida (o cuando se encuentra en una situación que le genera estrés y ante la cual no tiene recursos psicológicos para afrontarla y manejarla), muestra una respuesta de bloqueo: se queda con la mirada perdida al frente y con el cuerpo completamente rígido, como si no estuviera presente. Tal desconexión sugería la presencia de un trastorno disociativo, propio de los niños con apego desorganizado que habían vivido situaciones traumáticas que les habían impactado como el abandono continuado y los malos tratos.

La niña, verbalmente, no podía hacer ningún trabajo de elaboración psicológica y, además, estaba contraindicado hacerlo, como con Lucas y otros niños que presentan trauma. Es muy desestabilizador (y dañino) exponerles directamente a los contenidos traumáticos sin que cuenten con recursos psicológicos para manejar las emociones que puedan activarse, o sin hacerlo mediante una técnica en la cual puedan proyectarse en ese *tercer elemento* que tanta seguridad da, dentro de un espacio contenedor y simbólico como lo es la caja.

Al igual que Lucas y otros muchos héroes anónimos y supervivientes (este mensaje hay que transmitírselo una y otra vez), Andrea encontró en la bandeja de arena ese instrumento idóneo para contar y crear, para transformar el trauma en una experiencia simbólica que explotara fuera, que le permitiera exteriorizar el dolor. La carencia afectiva había provocado un daño en esta niña que le impedía poder usar las palabras pero se mantenían preservadas sus capacidades no-verbales. Necesitaba encontrar una herramienta para contar, y una persona predispuesta a aceptarla y que validara sus obras y sus sentimientos. Como dice Cyrulnik (2010), lleva mucho tiempo reunir fuerzas para narrar la propia historia; sobre todo si las personas (especialmente los niños) no se encuentran con adultos disponibles y sensibles que les crean y no digan que eso son exageraciones o fantasías. Ha hecho falta mucho tiempo, refiere Cyrulnik (2010), para que la cultura esté dispuesta a escuchar estos relatos.

Andrea descubrió en esta técnica (acudía y decía: *"¿Hacemos caja de arena?"*) un medio para encontrar alivio emocional y desarrollar un sentido de sí misma a lo largo del tiempo.

Las cajas de arena de Andrea comienzan contando su historia desde el principio (el submundo de su pasado y el submundo de su presente). El dolor se hace claramente patente en la caja número 5, en la que las miniaturas de dos niños *"están solos en la playa y no tienen padres"*. *"Se ahogarán y nadie les salvará"*. Una metáfora de que el dolor del abandono es morir ahogado ¡Es increíble la capacidad de esta niña para poder expresar esto y liberarlo!

A través del proceso que ella sola hizo, con el acompañamiento del terapeuta (ya sabemos que esto es fundamental para el niño), llegó a una caja resiliente como lo es la última que construyó en la cual *"los animales están bien cuidados y son felices"*.

1ª caja de Andrea (Figura 29)

Primero, **el bebé abandonado, solo, en el orfanato**. Se sentía triste, no le cuidaban bien...

Después, **el bebé con el padre en su casa, ya adoptado**. Tras viajar **(puente)**. Está bien cuidado.

Tienen otra casita, pero la venderán.

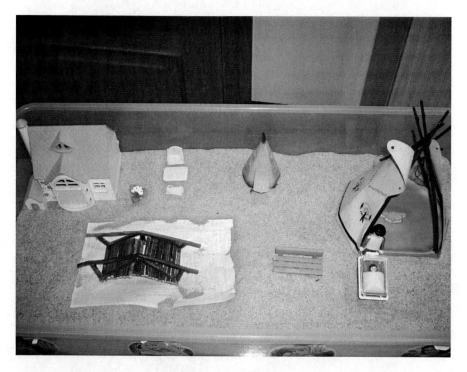

Figura 29. © De las miniaturas presentes en la caja marca Playmobil: PLAYMOBIL/ Geobra Brandstätter GmbH & Co. KG.

Construyendo puentes

2ª caja de Andrea (Figura 30)

Una pareja se va a casar. Lo hará el rey, al final del camino. Una bruja llega y quiere robar en la casa de la pareja, pero la policía lo impide porque la detiene. Una rana, mascota de la pareja, cuida de ellos.

La pareja se siente feliz; la bruja, culpable. El rey, orgulloso.

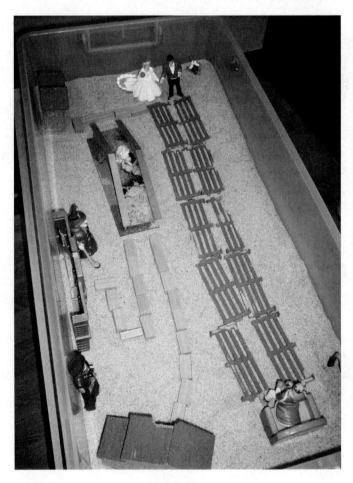

Figura 30.

3ª caja de Andrea (Figura 31)

Los niños heridos en la pierna, en el hospital. El policía y la princesa son los padres de los niños. El médico cuida de los niños. El pitufo, les alegra. Los padres mandan al cocodrilo para asustar a la bruja. A la derecha, unos animales viven y comen tranquilamente. El avión es para ir y venir. Los enanitos están ahí, viendo.

Figura 31. © De las miniaturas presentes en la caja marca Playmobil: PLAYMOBIL/ Geobra Brandstätter GmbH & Co. KG.

4ª caja de Andrea (Figura 32)

Una abuela cuida a los dos hijos mientras éstos cocinan. Se desplazan en un jeep. Más lejos hay un circo al que suelen ir. **Sus padres murieron y se quedaron con la abuela**. Tristes por las muertes. Una bruja les amenaza pero les defiende un soldado. Sienten miedo por la bruja.

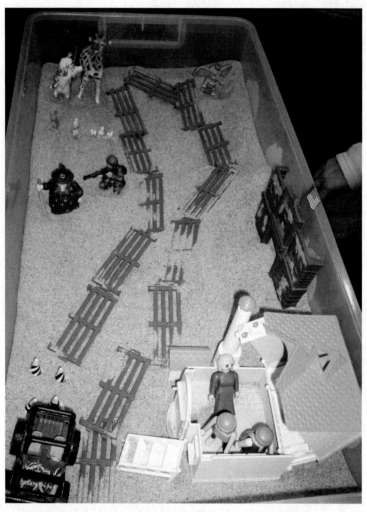

Figura 32. © De las miniaturas presentes en la caja marca Playmobil: PLAYMOBIL/ Geobra Brandstätter GmbH & Co. KG.

5ª caja de Andrea (Figura 33)

Dos niños en la playa, solos. **No tienen padres. Se bañarán y se ahogarán. Nadie los salvará.**

Figura 33. © De las miniaturas presentes en la caja marca Playmobil: PLAYMOBIL/ Geobra Brandstätter GmbH & Co. KG.

Construyendo puentes josé luis gonzalo marrodán

6ª caja de Andrea (Figura 34)

Un padre y una madre y una joven cuidan de los animales. Tienen una casa al lado. Tienen un árbol y un coche. Los animales se sienten contentos. **En una esquina, unos niños, hermanos, en un campamento. Están solos, sin cuidadores. No tienen a nadie y nadie vendrá por ellos.**

Figura 34. © De las miniaturas presentes en la caja marca Playmobil: PLAYMOBIL/ Geobra Brandstätter GmbH & Co. KG.

7ª caja de Andrea (Figura 35)

Bob Esponja se escapa aprovechando un descuido de sus padres. Se va solo al parque pero **se pierde y no sabe volver. Sus padres llaman a la policía y le encuentran. Le castigan. No tiene amigos y quería encontrarlos en el parque.**

Figura 35.

8ª caja de Andrea (Figura 36)

Una granja con animales. **Los animales están bien cuidados y son felices**, con dos granjeros hermanos. En un compartimento acuático hay un tiburón y una rana. Pero son amigos.

Figura 36. © De las miniaturas presentes en la caja marca Playmobil: PLAYMOBIL/ Geobra Brandstätter GmbH & Co. KG.

5.2. Cajas de arena de adolescentes y adultos

5.2.1. Viaje y transformación

Como dicen Bradway y McCoard (2003), muchas personas que hacen cajas de arena representan su viaje: barcos en el agua; caminos; coches; aviones a punto de despegar...

En la figura 37 podemos ver la caja de Lorena, una adolescente de 15 años que vivía con profundo dolor cada relación de amistad o sentimental que

Figura 37. © De las miniaturas presentes en la caja marca Playmobil: PLAYMOBIL/ Geobra Brandstätter GmbH & Co. KG.

terminaba. Sentía que elegía relaciones en las que se colocaba en una posición en la cual se mostraba sumisa y siempre complaciente. La mayoría de las veces, después de sentir que había dado mucho, sus amigas o pareja cortaban las relaciones. Y se sentía profundamente triste y desolada. No sabía por qué le pasaba esto siempre.

Quiso hacer una caja para trabajar sobre esto y reflejó en ella a una joven sola, rodeada de árboles y acompañada solo de dos perritos, en lo más intrincado de un bosque. Necesitaba hacer un viaje a otro mundo donde encontraría compañías de verdad y la barca le esperaba para ello.

La soledad y el abatimiento quedan metaforizados en la joven sola en mitad del bosque. Probablemente para evitar contactar con ese sentimiento de profunda soledad interior, se mostraba tan complaciente con la gente y actuaba según sus expectativas; pero luego terminaba como la chica del bosque. Necesitaba un cambio, simbolizado en el viaje a través de la barca.

5.2.2. Agresividad

Es uno de los temas que más recurrentemente suelen salir en las cajas de algunos niños y adolescentes que acuden a consulta. La observación de la caja nos puede servir para darnos cuenta de qué tipo de agresividad se trata: supervivencial, descontrol emocional, violencia y control omnipotente... Y si hay elementos de resiliencia: vallas u otros personajes que la contengan, aplaquen o eliminen. Si hay destrucción y/o muerte y después reconstrucción o no, etc.

Oier es un adolescente de 13 años que atravesaba una delicada situación familiar en la cual sus padres estaban enfrentados por su custodia. En su hogar habían sido frecuentes las peleas agresivas físicas y verbales entre su padre y su madre, a las cuales Oier había asistido con miedo. En su iniciada adolescencia, había comenzado a mostrarse agresivo con los compañeros cuando tenía que resolver un conflicto. Parecía que inconscientemente se identificaba con la agresividad que tanto había temido.

En la figura 38 podemos ver cómo representó su agresividad interior mediante una situación de lucha despiadada usando unas miniaturas muy representativas de la agresividad, el descontrol y la capacidad de hacer daño. Todos

146

Figura 38.

luchan entre sí porque quieren defender lo suyo, y también para defenderse de las bestias (dragones y T-Rex). Hay destrucción: coches y camiones volcados.

5.2.3. Depresión

Los sentimientos de las personas depresivas se pueden representar de diversas maneras. Muchas veces el adulto deprimido no tiene tampoco palabras para expresarse debido a las dificultades para concentrarse y el enlentecimiento cognitivo, entre otros síntomas, que suelen acompañar a la depresión mayor.

Norberto, un hombre muy inteligente de 45 años pero víctima de una depresión mayor desde hacía varios años, encontró en la caja de arena una manera de expresar la angustia que sentía en su interior, pues diariamente se tenía que esforzar mucho por conseguir su bienestar y no dejarse arrastrar por los síntomas depresivos.

Construyendo puentes josé luis gonzalo marrodán

Figura 39. © De las miniaturas presentes en la caja marca Playmobil: PLAYMOBIL/ Geobra Brandstätter GmbH & Co. KG.

En la caja que construyó (figura 39) el joven del cuchillo, ayudado por el soldado, tenía dos alternativas: luchar para avanzar hacia su derecha (donde están los símbolos del bienestar y el auto-cuidado) o dejarse seducir por los personajes del otro lado, que le prometen muchas cosas pero le conducen hacia una miniatura que acecha atrás que no es otra que la muerte.

5.2.4. Energía

La energía puede mostrarse en las cajas de muchas maneras: agua, alimentos, naturaleza, vehículos (energía mecánica), animales (los domésticos, una energía más controlable; los salvajes, más incontrolable).

Francisco es un hombre de 40 años en proceso de rehabilitación por consumo de sustancias. En paro desde hacía tiempo, una de sus preocupaciones era la adaptación socio-laboral. Con tan sólo el graduado escolar y tras años trabajando en la construcción (había terminado su contrato como albañil y no le renovaron), le preocupaba cómo y en qué formarse, pues era consciente de que la adaptación socio-laboral era un soporte importante para empezar a llevar una vida normalizada.

El cajón de arena que podemos ver en la figura 40 sugiere un proceso de gran energía, pues muestra la naturaleza y está lleno de elementos vegeta-

Figura 40.

les. Esa caja iluminó a Francisco y tuvo una experiencia con la misma: descubrió que lo suyo siempre había sido el contacto con la naturaleza y que nunca había podido trabajar en nada relacionado con esto. Su energía era también incontrolable y a veces tan arrolladora que le causaba problemas por falta de límites (se expresa, probablemente, en el cocodrilo). Fue una parte de sí mismo que la caja le ayudó a conocer y gobernar. Hoy es el día que sigue trabajando en un invernadero de plantas y flores y ¡es feliz estando en contacto con esta energía natural!

5.2.5. Protección y límites

Muchas personas que hacen cajas de arena incluyen algún vallado o cercado de algún tipo. El vallado puede delimitar un lugar de protección que el paciente necesita antes de empezar su transformación. También puede ser un símbolo de que existe contención e interiorización de límites.

Las vallas o cercados pueden dividir la bandeja en varios submundos opuestos: el bien y el mal; lo rico y lo pobre; el desierto y la zona habitada; el frío y el calor; la guerra y la paz…

Las vallas, además, protegen a las personas, las cosas, las pertenencias y los animales de distintos peligros.

Rodolfo, joven de 16 años, elaboró una caja de arena (figura 41) donde un dragón, un perro de tres cabezas y un minotauro, seres que han venido de otro mundo, se encuentran vallados. De momento no se atreven a atacar, pero si lo hicieran, los soldados, guiados por los perros, los destruirían. La parte más impulsiva y agresiva está simbolizada en los monstruos; y la parte de límite y protección en la valla (que impide el paso) y en los soldados que pueden pararlos y eliminar la amenaza.

Este joven tenía problemas de autocontrol de la conducta agresiva (había vivido en un ambiente familiar donde los malos tratos intrafamiliares eran habituales. Dada la gravedad de la situación, la administración pública adoptó una medida de protección consistente en un acogimiento residencial para el joven, con el fin de protegerle).

Figura 41. © De las miniaturas presentes en la caja marca Playmobil: PLAYMOBIL/ Geobra Brandstätter GmbH & Co. KG.

La agresividad que sentía la simbolizó y expresó en esta caja de una manera clara con la metáfora de los monstruos que se desatan. Las vallas, curiosamente, estaban electrificadas y mantenían a los animales a raya. A todos – dijo– menos al dragón, que podía volar. Pero los soldados lo matan.

Rodolfo necesitaba límites cálidos pero firmes; incluso físicamente, pues precisaba ser contenido por los educadores del centro cuando respondía con una agresividad física que dañaba al otro. El límite físico actuaba como precursor del límite emocional. Y en la caja lo metaforizó, ya que los monstruos tienen la valla para no atacar, sí; pero se precisa la intervención de los soldados ya que uno puede volar y porque, aún eléctrica, la valla puede sobrepasarse con poca dificultad.

A Rodolfo, a partir de esta caja, sus educadores le explicaron que cuando se desatara su agresividad física, ellos le contendrían y que contener no era dañar sino proteger.

En general, en las cajas de arena, las vallas o cercas y las miniaturas que simbolizan el límite, el control y la protección suelen aparecer junto con otras miniaturas que representan los impulsos agresivos (los monstruos, los animales salvajes…). Casi siempre éstos suponen una amenaza (van a atacar una ciudad o un poblado), necesitan alimentarse o tienen otras motivaciones. Y suelen ser típicas en niños o adolescentes que tienen dificultades de moderadas a severas, por causas diversas, de autocontrol de los impulsos y la agresividad y necesitan límites (en las cajas los piden inconscientemente) cálidos pero firmes.

5.2.6. Integrando partes

Rodrigo es un joven de 26 años con un trastorno en el neurodesarrollo. Este trastorno condicionó su desarrollo (cognitivo, del lenguaje, socialización, autocontrol de los impulsos, aprendizaje escolar…) de una manera bastante severa. Sus padres fomentaron una sobreprotección que hizo que tuviese dificultades para ser autónomo. El trastorno en el neurodesarrollo no impedía que pudiera tener una vida bastante independiente, era más el posicionamiento de los padres. Por ello, se mostraba muy inseguro y, por un lado, deseaba ser más independiente y valerse por sí mismo; pero por otro, se sentía muy cómodo siendo aún el "niño pequeño" de la casa, rol que le habían transferido en su familia su padre y sus cuatro hermanas (él era el menor) y que Rodrigo había acabado por interiorizar. La ambivalencia era una de sus características, tanto emocional como cognitiva. Parecía como si hubiera distintos "Rodrigos" dentro de sí mismo, sobre todo una parte infantil que no había crecido y se seguía resistiendo a madurar.

Con el fin de reflexionar y ayudarle a tomar conciencia de esto, se le propuso que hiciera un cajón de arena, pues la técnica ayuda en la integración de partes de la personalidad. Se le dio la consigna de que colocara distintas miniaturas que reflejaran distintas formas de ser o partes de sí mismo. Era un chico muy limitado con el lenguaje y la técnica facilitaba que pudiera expresar estas partes, pues con las palabras le resultaba muy difícil explicarse.

Rodrigo colocó en la caja (figura 42) varias miniaturas, todas muy apelotonadas, sin espacios entre sí (lo cual sugiere que vive las relaciones de una manera muy fusional). Son varias partes de su sí mismo: el que envidia a los chicos de su edad que tienen pareja (los novios); el estudioso (el chico del libro); el triste (el burrito); el que se siente dependiente y pegado a la madre (la miniatura de la señora con el bebé en brazos, la que está tumbada en la arena); el responsable (el señor con el móvil en la mano y la miniatura del

Figura 42.

hombre mayor del abrigo); el que ayuda y colabora (el enanito); el que se descontrola con la comida y los videojuegos (la miniatura del chico gordo y la miniatura de la televisión); la parte de sí mismo que incordia y molesta y saca de quicio a los demás (una señora tapándose los oídos); y, finalmente, el infantil (el resto de miniaturas).

Que algunas miniaturas estén caídas también se debe a un defecto motriz que le produce un temblor de manos que no le permite colocar bien las mismas.

A partir de esta caja de arena fue elaborando otras donde trabajamos cómo integrar esas partes y cómo buscar su propio espacio sin invadir el de los otros. Para él un primer paso importante fue tomar conciencia de estas partes y miniaturizarlas (concretarlas y definirlas). Sin la caja de arena, no habría podido hacerlo dadas sus limitaciones con el lenguaje. A partir de aquí, motivado para el cambio y la maduración, con técnicas que incidían en el diálogo entre partes y en las necesidades que cada una de ellas tenía, fue siendo capaz de integrarlas y desarrollar un sentido de sí mismo más coherente.

6

Epítome final: Aspectos más importantes de la técnica de la caja de arena (guía para no perderse)

En qué consiste la técnica

"Consiste en jugar en una caja de madera especialmente proporcionada. Se ofrece así mismo la arena seca y húmeda. Los pacientes también tienen a su disposición un número de pequeñas figuras con las cuales ellos dan realización formal a sus mundos internos. Las figuras que pueden elegir deben ofrecer de la manera más completa posible, una muestra representativa de todos los seres animados e inanimados que podemos encontrar en el mundo externo así como en el mundo imaginativo interno..." **(Kalff, 1991).**

Expresarse en el espacio de la caja de arena a través de las miniaturas es en sí mismo sanador, y les permite al niño y al adulto mostrar tanto los puntos en los que emocionalmente sienten conflicto como los que sienten como fortalezas, puntos fuertes.

Medio de expresión seguro.

El procedimiento de la caja de arena es un acercamiento genuinamente junguiano. La aproximación junguiana a la técnica recibe el nombre de **sandplay**.

Por **sandtray** entendemos un método dentro de la terapia de juego.

Para quien está indicada

Niños o adultos que han sufrido el impacto de los malos tratos, el abandono o cualquier otra situación traumática.

Niños con retraso en el desarrollo con afectación al lenguaje.

Niños con daño neurológico.

Niños con trastornos del apego.

Materiales que necesitamos

Bandeja de plástico (una para usar con arena seca, otra para utilizar con agua). Tamaño: 50 cm x 72 cm x 8 cm de profundidad.

Arena: Nos conecta con la tierra.

Rociador con agua. El agua puede simbolizar limpieza y nacimiento o inundación y muerte.

Mesita con ruedas sobre la que colocar la bandeja.

Estantería o vitrina donde colocar las miniaturas.

Miniaturas e ítems diversos: Las miniaturas son las palabras, símbolos y metáforas que representan las vivencias internas del niño o del adulto. La bandeja de arena es la gramática.

Dos pinceles para limpiar la arena que queda pegada en las miniaturas.

Cámara de fotos (para fotografiar las escenas o mundos creados).

Pasos en la conducción de una sesión

Preparación de la sala y materiales.

Presentación de la técnica.

Creación del mundo.

Post-creación.

Volviendo todo a su lugar.

Papel del terapeuta

Contiene la experiencia sin invadir ni abandonar.

Lo más importante es que el terapeuta acompañe al paciente, sea empático, reflejando las emociones de éste, por encima de cualquier tipo de análisis, interpretación o intervención.

El análisis se centra en la metáfora contenida en la caja y se hace después de que el niño o el adulto terminen su trabajo con las cajas, nunca durante el proceso de elaboración de las mismas.

El terapeuta es un auxiliar que acompaña en todo momento al paciente.

El proceso de construcción de la caja se hace en silencio.

El terapeuta es un facilitador –y no un experto; el experto en la caja de arena es el propio autor de la misma: el niño o el adulto–; ambos hacen juntos la asombrosa aventura de explorar el mundo construido por el paciente y hacerle los honores.

El terapeuta nunca mete la mano dentro de la caja ni ayuda a hacerla al paciente.

El terapeuta se muestra receptivo, empático y valida la escena creada por el paciente cuando ambos co-exploran la caja de arena.

Significado (posible) de diferentes escenas creadas

Escenas que sugieren sintomatología ansiosa, depresiva, agresiva y otras emociones negativas

Monstruos que se desatan y no pueden ser sujetados, destrozándolo todo a su paso pueden sugerir violencia destructiva, pérdida de los límites del yo.

La destrucción y la muerte de los personajes (en manos de otros o por parte de monstruos, animales salvajes o fenómenos naturales) pueden ser la desolación y/o la depresión del niño.

Las situaciones de amenaza y riesgo pueden ser la ansiedad, la incertidumbre, el miedo o la inseguridad.

Personajes, animales, niños perdidos y solos, sin nadie, pueden significar los sentimientos de abandono o de soledad.

Luchas entre bandos son conflictos que se viven interna o externamente.

Personajes, animales, personas o seres fantasiosos que se enfrentan entre sí pueden reflejar la agresividad que el niño siente (puede ser también un conflicto de lealtades).

Los monstruos, las brujas, vampiros y los seres de pesadilla son la angustia y el terror. También pueden simbolizar la culpa y la autopunición.

La energía puede expresarse mediante elementos naturales como el agua, las plantas, los animales, la comida... Pero también se puede representar como energía agresiva mediante motos, coches, lanchas veloces... que pueden ser proyecciones del yo y sugerir omnipotencia.

Los animales de granja sugieren la productividad, la alimentación, el bienestar; la necesidad de ser cuidado sucede mediante su inclusión en granjas con vallas vigiladas por campesinos o granjeros.

Escenas de devoración pueden apuntar a vivencias violentas por parte del niño.

Escenas con serpientes pueden sugerir malos tratos, abusos...

Escenas de resiliencia

Contienen elementos de amenaza, destrucción, ataque, soledad, abandono, miedo... Pero co-existen otros símbolos que sugieren los puntos fuertes del paciente o símbolos que ayudan, protegen o contribuyen a que la historia o la escena tenga un final o significado positivo o, al menos, ambivalente.

Ejemplos:

El niño o personaje solo en el bosque que es rodeado de alimañas pero tiene varios superhéroes que le protegen e impedirán que le hagan daño o le maten (hay amenaza pero también sentimientos de seguridad y protección).

Las vallas que rodean a animales muy peligrosos: es verdad que éstos lo son pero estas vallas sugieren contención, límite y protección.

Las mismas vallas pueden separar y hacer submundos: por ejemplo, uno malo pero también puede existir uno bueno, conectados ambos por un puente (el niño puede ir integrando opuestos).

Otros elementos resilientes son: las flores, los árboles, las plantas, las casas... simbolizan la vitalidad, la energía, la seguridad...

La presencia de médicos y enfermeras son los cuidados percibidos, la necesidad de curación...

La policía es el control y la norma, así como la protección que el niño puede percibir.

El niño (o el personaje) está a punto de morir, ser abandonado, atacado, etc. pero al final es salvado, adoptado o se defiende o viene alguien a defenderle.

Los soldados (símbolo de autoridad, de lucha, de valentía, de ayuda...) los salvan y la historia acaba bien.

Si los niños se sienten muy hundidos, afectados o alterados emocionalmente... las historias pueden no tener apenas elementos de resiliencia. Puede ser una fase antes de que vaya transformándose y creciendo; pero también es un indicador que sugiere que investiguemos su entorno familiar y social.

Escenas de apego

Apego evitativo

El niño puede mostrar rigidez al crear y hacer mundos sin personas (vehículos, robots...).

Pueden ser mundos o escenas funcionales u orientadas a un fin práctico o productivo (una pista de motos, unos exploradores que atraviesan el desierto, unos animales de granja que dan leche, dos bandos que se enfrentan por un tesoro...).

Probablemente, el niño no se extenderá demasiado tiempo en la elaboración de la caja de arena. Quizá no se muestre muy dado a comentarla (excepto en lo superficial) ni a explorar los estados internos de los personajes; aunque si esto se hace desde el *tercer elemento* (los personajes y las miniaturas) le ayuda a vencer las defensas evitativas o negadoras.

Pueden ser cajas con escasos ítems y con pobreza narrativa (sobre todo en lo emocional).

Apego ansioso-ambivalente

El niño puede mostrar duda e indecisión a la hora de crear. También ansiedad o dramatismo en las historias creadas.

Sus mundos son más elaborados y pueden incluir tanto personas como otro tipo de miniaturas o elementos. Serán mundos más emocionales y, probablemente, se podrá indagar con él en los estados internos de los personajes.

El niño puede alargarse en exceso tanto para decidir qué hacer como para su elaboración. En la co-exploración de la caja, si hay historia, puede demorarse en explicaciones.

Pueden aparecer los conflictos típicos de los niños ansioso-ambivalentes referidos a la separación, la independencia, la sobreprotección, la incertidumbre... sobre si serán protegidos, queridos, salvados... Puede haber submundos que suponen sentimientos o conflictos encontrados (opuestos).

Apego desorganizado

Inicialmente pueden ser cajas que suponen la yuxtaposición de figuras o la colocación aleatoria e incoherente de miniaturas. Sugiere la desorganización y falta de mente coherente que caracteriza a estos niños (sobre todo si el niño atraviesa momentos de estrés emocional).

Si el apego desorganizado se ha ido organizando en torno al subtipo punitivo, es muy probable que refleje el horror de sus vivencias o la violencia que ha padecido mediante mundos agresivos, de dominación, omnipotentes...

Si el apego desorganizado se ha ido organizando en torno al subtipo complaciente, puede ser un mundo como idílico, positivo...

Como el apego desorganizado contiene elementos de los apegos ansioso-ambivalente, evitativo e incluso seguro, es posible que, dependiendo del estado del niño, aparezcan estas características en el mundo que construya.

Las historias o escenas que el niño haga pueden ir organizándose progresivamente, según éste va trabajando con la técnica. Esto sugiere que el niño va organizando su psique. También puede ser un indicador de que en los contextos en los que convive hay estabilidad.

Pueden ser niños que no tengan suficiente con el espacio contenedor de la caja y protesten por ello o pidan más espacio.

Pueden ser niños hiperactivados, que hagan las cajas de una manera impulsiva, rápida y que rechacen hablar sobre la misma en la fase de postcreación. También pueden mostrarse de una manera inhibida.

Pueden incluir distintos submundos o personajes que reflejen los estados disociativos que el niño con apego desorganizado puede presentar.

En el niño con apego desorganizado, las vallas pueden indicar experiencias negativas con la autoridad (por haber sido maltratado o por disciplina incoherente) y sentir que los límites y las normas son para dañar, frustrar, impedir, controlar… y no una forma de proteger y dar seguridad.

Pueden existir escasos símbolos de resiliencia y las historias pueden terminar de una manera trágica, sobre todo al principio.

Diccionario de símbolos

Para los profesionales interesados en el significado de los símbolos que las cajas contienen, pueden consultarse estos dos libros:

CHEVALIER, J. y GHEERBRANT, A. (2013) *Diccionario de los símbolos*. Barcelona. Herder: Puede ser interesante para buscar los símbolos después de las sesiones de terapia pues los significados por cada palabra son demasiado extensos para verlos durante las mismas.

RONNBERG, A. (2014) *El libro de los símbolos. Reflexiones sobre las imágenes arquetípicas*. Madrid. Taschen: El libro se divide en varios capítulos: creación

Construyendo puentes josé luis gonzalo marrodán

y cosmos; mundo humano; reino vegetal; mundo espiritual y reino animal. Los significados son concretos pero sin dejar de ofrecer un amplio espectro de los mismos.

7

Referencias

Ammann, R. (1991) *Healing and transformation in sandplay*. LaSalle, IL: Open Court.

Axline, V. (1969) *Play therapy*, Nueva York: Ballantine Books.

Barudy, J. y Dantagnan, M. (2005) *Los buenos tratos a la infancia. Parentalidad, apego y resiliencia*. Barcelona: Gedisa.

Benito, R.; Gonzalo, J.L. (2010) *Trastornos de la personalidad asociados a antecedentes de maltrato infantil en los pacientes que acuden a consultas de psicología y psiquiatría*. Poster presentado en el VII Congreso Iberoamericano de Psicología en Oviedo.

Bradway, K.; McCoard, B. (2003) *Sandplay. Silent workshop of the psique*. NY: Routledge.

Cantero, M.J.; De la Fuente, M.J. (2010) *Vinculaciones afectivas. Apego, amistad y amor*. Madrid: Pirámide.

Carey, L. (1999) *Sand-play therapy with children and families*. Northvale, NJ, James Aronson, Incl.

Cyrulnik, B. (2010) *Me acuerdo… El exilio de la infancia*. Barcelona: Gedisa.

De Domenico, G.S. (1988) *Sandtray world play: A comprehensive guide to the use of sandtray in psychotherapeutic and transformational settings*. Oakland, CA: 1946 Clement Rd., Oakland, CA: Author.

Fonagy, P. (2004) *Teoría del apego y psicoanálisis*. Barcelona: Espax.

Construyendo puentes josé luis gonzalo marrodán

GEDDES, H. (2010) *El apego en el aula.* Barcelona: Graó.

GIL, E. (2006) *Helping abused and traumatized children: integrating directive and non-directive approaches.* NY: The Guilford Press.

GONZALO MARRODÁN, J. L. (2009) *Guía para el apoyo educativo de niños con trastornos de apego.* Edición digital: Librosenred.com. http://www.libros enred.com/libros/guiaparaelapoyoeducativodeninoscontrastornosde apego.html.

——— (2010) La relación terapéutica y el trabajo de reconstrucción de la historia de vida en el tratamiento psicoterapéutico de los niños crónicamente traumatizados. *Cuadernos de Psiquiatría y Psicoterapia del Niño y del Adolescente,* 49, 187-204.

GONZALO MARRODÁN, J.L.; PÉREZ-MUGA, O. (2011) *¿Todo niño viene con un pan bajo el brazo? Guía para padres adoptivos con hijos con trastornos del apego.* Bilbao: Desclée De Brouwer.

HOMEYER & SWEENEY (1998) *Sandtray therapy. A practical Manual.* Second Edition. NY: Routledge.

HUNTER, L. (1998) *Images of resiliency. Troubled children create healing stories in the language of sandplay.* Palm Beach, FL: Behavioral Communications Institute.

JUNG, C.G. (1991) *Arquetipos e inconsciente colectivo.* Barcelona: Paidós Ibérica.

KALFF, D.M. (1980) *Sandplay, a psychotherapeutic approach of the psyque.* Santa Monica, CA: Sigo. A revision with a new translation of (1971) *Sandplay: Mirror of a child´s psyque,* San Francisco: Browser.

——— (1991) Introduction to sandplay therapy. *Journal of sandplay therapy* 1, 1: 7-15.

LAVOBITZ, B.; GOODWIN, E.A. (2000) *Sandplay therapy: a step-by-step manual for psychotherapist of diverse orientations.* NY: WW. Norton.

LOVETT, J. (2000) *La curación del trauma infantil mediante EMDR.* Barcelona: Paidós Ibérica.

LOWENFELD, M. (1979) *The world technique.* Londres: George Allen&Unwin.

MARTÍNEZ, J. (2006) *La técnica de la caja de arena*. Powerpoint presentado en el Diplomado de Formación Especializada para Psicoterapeutas Infantiles organizado por el IFIV de Barcelona. Documento no publicado.

MILLIKAN, F. (1992) "Relationship and process in sandplay: A Self-psychology perspective". *Journal of Sandplay Therapy* 2, 39-51.

OGDEN, P.; MINTON, K.; PAIN, C. (2011) *El trauma y el cuerpo. Un modelo sensoriomotriz de psicoterapia*. Bilbao: Desclée De Brouwer.

PUIG, J.L.; RUBIO, G. (2011) *Manual de resiliencia aplicada*. Barcelona: Gedisa.

RODARI, G. (2002) *Gramática de la fantasía*. Booket: Madrid.

ROGERS, C.R. (1951) *Client-centered therapy*. Constable: Londres.

ROJAS MARCOS, L. (2010) *Superar la adversidad. El poder de la resiliencia*. Booket: Madrid.

SHAPIRO, F. (1989) "La eficacia del procedimiento de desensibilización por movimientos del ojo en el tratamiento de recuerdos traumáticos". *Journal of traumatic stress*, 2, 199-223.

STEELE, K., NIJENHUIS, E. Y VAN DER HART, O. (2008). *El yo atormentado: la disociación estructural y el tratamiento de la traumatización crónica*. Bilbao: Desclée De Brouwer.

SIEGEL, D.J. (2007) *La mente en desarrollo. Cómo interactúan las relaciones y el cerebro para modelar nuestro ser*. Bilbao: Desclée de Brouwer.

────── (2011) *Mindsight. La nueva ciencia de la transformación personal*. Barcelona: Paidós Ibérica.

THOMPSON, C. W. (1981) "Variations on a theme by Lowenfeld: Sandplay in focus". En K. Bradway et al., *Sandplay Studies: Origins, theory and practice*. Boston: Sigo Press. Op cit. y traducida al castellano por Patricia Quijano.

WEINRIB, E. (1983, 1992) *Images of the self. The sandplay therapy process*. Boston MA: Sigo Press.

WEST, J. (2000) *Terapia de juego centrada en el niño*. México: Manual Moderno.

WINNICOTT, D. (1979) *Realidad y juego*. Barcelona: Gedisa.

¿Todo niño viene con un pan bajo el brazo?

Guía para padres adoptivos con hijos con trastornos del apego

2ª edición

José Luis Gonzalo
Óscar Pérez-Muga

ISBN: 978-84-330-2517-3

Los hijos adoptados, como todos los niños, atesoran muchas cualidades positivas y nos hacen crecer como personas. Sin embargo, su educación puede ser un auténtico desafío para todos, porque para poder ser un niño adoptado primero éste tuvo que ser abandonado. Adoptar supone también asumir que la memoria emocional de los hijos puede contener heridas que sufrieron en sus lugares de origen. La obra se fundamenta en la teoría del apego, explicando de una manera sencilla y con atractivas metáforas los tipos de apego que el niño ha podido desarrollar, con ejemplos prácticos sobre cómo actuar en cada caso. Los autores inciden en la capacidad que los menores tienen para salir adelante si se potencian sus recursos resilientes, enriqueciendo la guía con historias y vivencias de los propios niños.

Primeros auxilios para niños traumatizados

Andreas Krüger

ISBN: 978-84-330-2586-9

Los niños son seres muy vulnerables y necesitan protección. Cuando algo malo les sucede necesitan una ayuda adecuada. Es importante comprender que los traumas anímicos deben ser objeto de cuidado y que no basta con tomar conocimiento de ellos. Peor aun es pasarlos por alto. En efecto, todo niño traumatizado que no reciba los cuidados adecuados puede experimentar múltiples daños tanto de forma inmediata como posteriormente. Hoy sabemos que los traumas sufridos en edad temprana pueden tener repercusiones a lo largo de toda la vida. Gracias al desarrollo actual de la investigación, puede establecerse la relación directa que existe entre muchas patologías de la edad adulta y lesiones traumáticas sufridas en la fase temprana de la vida.

Pero los niños son también resistentes. Andreas Krüger describe una suerte de «principio del diente de león». Al igual que esta planta, que se abre camino incluso a través del grueso asfalto, también los niños pueden encontrar una y otra vez caminos de salida ante una gran dificultad. A menudo tienen a su disposición, de forma más inmediata que los adultos, las fuerzas que se nos han dado a todos para resistir a las dificultades. Por eso mismo es tan importante para un niño recibir una ayuda temprana y adecuada.

Este libro resume de forma comprensible los conocimientos alcanzados en la actualidad por la psicotraumatología, la disciplina que estudia los traumas psíquicos, de tal modo que padres, educadores, docentes y otros agentes que tienen que ver con los niños, dispongan de una guía acerca de lo que pueden y deben hacer si el niño ha sufrido un trauma anímico.

El acoso escolar en la infancia.
Cómo comprender las cuestiones
implicadas y afrontar el problema

Christine Macintyre

ISBN: 978-84-330-2563-0

¿Qué es lo que hace que algunos niños sean acosadores y otros víctimas?, ¿qué puedes hacer si, a pesar de tus mejores esfuerzos, un menor sigue molestando a otro?, ¿qué pasos puedes dar antes de entrar en contacto con los padres y qué les dirás? La práctica del acoso se mantiene en todos los centros escolares. A pesar de la aplicación de las políticas anti-acoso, padres y profesores se sienten igualmente perplejos porque no entienden qué han hecho o qué han dejado de hacer para permitir que esto suceda.

Christine Macintyre explora este tema tan sensible, respondiendo a muchas de las preguntas planteadas y analizando por qué uno de cada doce niños en edad escolar es víctima de acoso. Este libro, sumamente práctico, examina las raíces del problema y muestra a los profesionales lo que pueden hacer para ayudar a los menores y para mejorar su propia práctica, proporcionándoles apoyo y guía acerca de cómo:

- fomentar la autoestima de los niños afectados, mostrando cómo la confianza recién adquirida les permitirá contrarrestar los efectos del acoso sufrido o del hecho de ser acosadores;
- decir a los padres que su hijo es agresor, o víctima de acoso, y establecer con ellos relaciones de apoyo mutuo;
- crear un entorno de aprendizaje que impida el deseo de intimidar por parte de los menores.

Basado en casos reales y en evaluaciones de estrategias que han sido ensayadas con éxito, este libro sugiere formas novedosas e inspiradoras de afrontar un problema al que muchos profesionales se enfrentan actualmente.

El espacio común
Nuevas aportaciones a la Terapia Gestáltica aplicada a la infancia y la adolescencia

Loretta Cornejo

ISBN: 978-84-330-2576-0

Una vez más Loretta Cornejo nos hace reflexionar, no solo con la mente sino también con el corazón, sobre el significado de la búsqueda de un lugar en la vida y, como consecuencia, de un lugar dentro del trabajo terapéutico.

Este cuarto libro quiere transmitir la necesidad de que ese espacio que intentamos ocupar sea compartido, común. En medio de un mundo globalizado por obra y gracia de las tecnologías, pareciera que no hay fronteras, pero esto no significa que cada uno de nosotros no deba tener incorporado en su interior un sitio desde donde trabajar y convivir de modo integrado.

En este trabajo, como ha venido haciendo en los anteriores, la autora escribe de modo cercano –como a ella le gusta decir "desde el cerebro pero también desde la piel"–, sobre el lugar de diferentes figuras afectivas: el lugar de los padres, el lugar de los niños, el lugar de los abuelos, el lugar de los hermanos, el lugar de los jóvenes, el lugar del mundo y, por último, el lugar del terapeuta.

A lo largo de estas páginas se van intercalando las frases de los niños y jóvenes, las de los padres, las de los abuelos... con las técnicas para trabajar los diferentes aspectos de la terapia. También para el terapeuta, al final del libro, recoge medidas para el propio cuidado, aprendizaje y toma de contacto consigo mismo y con su vocación de ayuda.

Los niños, el miedo y los cuentos
Cómo contar cuentos que curan

2ª edición

**Ana Gutiérrez
Pedro Moreno**

ISBN: 978-84-330-2512-8

El miedo a la oscuridad y a dormir solo, el miedo a los cohetes y a las tormentas, el miedo a los animales, el miedo a las inyecciones o al pediatra, el miedo a las personas desconocidas… son algunos de los muchos miedos que sufren los niños. Estos miedos pueden aparecer como por arte de magia… y desaparecer cuando el niño madura. Sin embargo, en ocasiones, el miedo es desproporcionado, muy intenso y resulta claramente una fuente de sufrimiento tanto para el niño como para sus padres y madres. En estos casos el miedo se ha convertido en fobia y el pequeño necesita ayuda para superar su miedo. De lo contrario, además de sufrir innecesariamente, el niño puede padecer alteraciones importantes en su desarrollo, tanto a nivel emocional como en su relación con los demás y en su rendimiento académico.

El propósito de esta obra es ofrecer a los padres, maestros y, en general, a todas las personas relacionadas con el cuidado de los niños, una herramienta poderosa y especialmente adaptada para los miedos infantiles: los cuentos terapéuticos. El lector descubrirá que, a través de la creación de cuentos personalizados, es posible establecer contacto con el canal emocional del miedo infantil, encauzando y resolviendo, de este modo, las emociones dolorosas. Los cuentos terapéuticos, cuando se adaptan a cada niño, pueden lograr unos resultados excelentes, como lo demuestra la práctica clínica de los autores. En este libro se desvelan los detalles prácticos para crear y contar cuentos que curan a los niños con miedos.

Porque te quiero

Educar con amor y mucho más

3ª edición

Pilar Guembe
Carlos Goñi

ISBN: 978-84-330-2456-5

Todos los padres quieren a sus hijos, pero no todos saben quererlos. Hay que saber administrar el amor: amar con cabeza, que no significa quererlos menos, sino al contrario, supone un plus afectivo por nuestra parte. En esta tarea no se puede ir con tiento sino que hay que derrochar cariño por los cuatro costados, pero sin malgastarlo, o lo que es lo mismo, sin gastarlo mal.

Malgastar el amor que damos a nuestros hijos significa no invertirlo adecuadamente, canjearlo por un activo atractivo pero ineficaz. Quererlos es fácil, lo hacemos de forma natural, pero lo que ellos necesitan es que se les quiera bien, que se invierta ese capital inmenso en una cuenta a largo plazo que reporte los intereses no en los padres sino en los hijos.

El libro de Pilar y Carlos da muchas pistas para afrontar los pequeños retos cotidianos tan decisivos en la educación de los hijos. Estructurado en cuatro partes *(Porque quiero que seas independiente, Porque quiero que seas capaz, Porque quiero que seas tú, Porque quiero que seas feliz)*, aporta ideas muy prácticas para que los padres no caigamos en errores tan inconscientes como habituales.

AMAE

Directora: LORETTA CORNEJO PAROLINI

Adolescencia: la revuelta filosófica, por Ani Bustamante (2ª ed.)

El síndrome de Salomón. El niño partido en dos, por María Barbero de Granda y María Bilbao Maté (2ª ed.)

La adopción: Un viaje de ida y vuelta, por Alfonso Colodrón Gómez-Roxas

Esto, eso, aquello... también pueden ser malos tratos, por Ángela Tormo Abad

La adolescencia adelantada. El drama de la niñez perdida, por Fernando Maestre Pagaza (2ª ed.)

Riqueza aprendida. Aprender a aprender de la A a la Z, por Roz Townsend

Los padres, primero. Cómo padres e hijos aprenden juntos, por Garry Burnett y Kay Jarvis

PNL para profesores. Cómo ser un profesor altamente eficaz, por Richard Churches y Roger Terry (2ª ed.)

EmocionArte con los niños. El arte de acompañar a los niños en su emoción, por Macarena Chías y José Zurita (2ª ed.)

Muñecos, metáforas y soluciones. Constelaciones Familiares en sesión individual y otros usos terapéuticos, por María Colodrón (2ª ed.)

Madre separada. Cómo superan las mujeres con hijos la separación, por Katharina Martin y Barbara Schervier-Legewie (2ª ed.)

Rebelión en el aula. Claves para manejar a los alumnos conflictivos, por Sue Cowley

¿Hay algún hombre en casa? Tratado para el hombre ausente, por Aquilino Polaino

Cyber Bullying. El acoso escolar en la era digital, por Robin Kowalski, Susan Limber y Patricia Agatston

222 preguntas al pediatra, por Gloria Cabezuelo y Pedro Frontera

Borrando la "J" de Jaula. Cómo mejorar el funcionamiento del aula. La educación desde una perspectiva humanista, por Isabel Cazenave Cantón y Rosa Mª Barbero Jiménez

Porque te quiero. Educar con amor... y mucho más, por Pilar Guembe y Carlos Goñi (3ª ed.)

Focusing con niños. El arte de comunicarse con los niños y los adolescentes en el colegio y en casa, por Marta Stapert y Eric Verliefde

Los cuentos de Luca. Un modelo de acompañamiento para niñas y niños en cuidados paliativos, por Carlo Clerico Medina